# La Cuisine des Parfums

# La Cuisine des Parfums

Textes

Les Sœurs Scotto

Photographies

Christine Fleurent

Stylisme

Marie-France Michalon

Éditions du Chêne

# SOMMAIRE

# INTRODUCTION

Le plaisir des parfums qui embaument la cuisine commence bien avant la réalisation des recettes : lors de la cueillette des plantes sauvages au bord des talus, dans la garrigue ou le long des chemins ; au moment de la récolte des fines herbes cultivées au jardin, sur un balcon, une terrasse, le rebord d'une fenêtre ; et enfin dans les marchés, proches ou lointains, qui offrent une multitude d'herbes et d'épices chatoyantes, aux noms de rêve et aux senteurs d'aventure.

Les mains qui caressent un plant de basilic, frôlent un buisson de verveine-citronnelle, glissent sur une bordure de thym, celles qui griffent le zeste d'une mandarine, celles enfin qui cueillent les ombelles d'or du fenouil sauvage, les vaporeuses fleurs bleues de la nigelle, le gracile pavot de soie rouge froissée. Ces mains, comme le nez qui s'enivre du bouquet d'un curry de Madras ou s'éblouit de l'arôme des étoiles de badiane, appartiennent à ceux qui rêvent d'allier ces essences volées en promenade à des saveurs, des textures et des couleurs familières.

C'est un plaisir de la cuisine, sensuel et esthétique, que nous recherchons tous, gourmets et cuisiniers, dans la dégustation comme dans la réalisation d'un plat, si simple soit-il. Mais peut-on parler de simplicité lorsqu'on rêve d'embrasser l'infinie richesse du monde végétal dont les plantes odorantes – tiges, feuilles, boutons, fleurs, pétales, stigmates, graines, fruits, baies, gousses, écorces, racines, tubercules, rhizomes – subliment nos œuvres et nos plaisirs gourmands. Nous avons à portée de main et pour un prix modeste – l'expression « cher comme poivre » est désormais devenue obsolète –, plus de fines herbes, aromates et épices que Cléopâtre n'en offrit au roi Salomon, ou que le Romain Gavius Apicius, célèbre cuisinier de l'époque de Tibère, n'en cita dans son *Art culinaire*. Ses recettes exubérantes fourmillent d'ingrédients aromatiques de toutes sortes, ajoutés pêle-mêle à tous les mets, sans discernement ni mesure. Les Romains avaient la simplicité en horreur ; ils s'en régalèrent. Les Gaulois s'en inspirèrent.

En 1292 paraît *Le Viandier*, de Taillevent. La « sauce cameline », la « sauce noire », la « sauce d'enfer » et autre bien nommée « sauce de trahison », figurent dans ce livre événement. Très compliquées, lourdes et épicées, elles accompagnent ou nappent une kyrielle de plats qui firent florès jusqu'au XVII^e^ siècle.

De tels excès sont de nos jours inimaginables. Nous sommes à l'heure de la gastronomie parcimonieuse, qui prône la clarté des goûts et la précision des flaveurs, grâce à une technique sans faille, utilisant peu de moyens, mais n'excluant ni l'originalité, ni l'audace, ni la liberté. Le cuisinier reste avant tout un artiste, souhaitant réveiller l'alchimiste ou le sorcier qui sommeille en lui. On juge ses créations à leurs couleurs harmonieuses, aux parfums qu'elles exhalent en bouquet sans note discordante, aux textures jouant sur plusieurs registres – croustillant, fondant, moelleux, ferme – pour tenir les sens en éveil, aux saveurs franches, proches du produit original, selon le souhait de Brillat-Savarin, à peine transcendées par le mode de cuisson, la découpe et l'assaisonnement.

L'assaisonnement : voilà la pierre de touche de la création culinaire, le style du cuisinier, la preuve de son inspiration, la certitude de sa sensibilité, l'expression de sa gourmandise érigée en vertu, dont le but est de satisfaire et de faire naître celle d'autrui.

Nous avons un jour glissé une gousse de vanille dans une blanquette de veau. À table, on ne soupçonna pas la vanille d'apporter les notes mystérieuses et la longueur en bouche inaccoutumée que présentait la sauce de la blanquette, tout en continuant d'évoquer très nettement cette saveur spécifique de crème anglaise qui la caractérise et qui fait son charme.

Nous aimons aussi, bien sûr, les effluves complexes des mélanges d'épices, qu'exhaussent les senteurs agrestes d'un bouquet d'herbes choisies. La préparation des tajines, curries, ragoûts et farces, est l'occasion de déployer un vaste éventail de parfums. Mais il ne s'agit pas de les faire pleuvoir du flacon dans la cocotte, cela ne manquerait pas de provoquer une peu ragoûtante cacophonie. Il faut au contraire les doser avec l'avarice d'une sorcière préparant un philtre d'amour, par pincée, cuillerée, soupçon, pointe, touche, feuille, éclat, zeste, goutte, larme, voile ou nuage.

Que quelques grains de sel et de poivre suffisent à l'assaisonnement parfait d'un mets, cela ne nous paraît pas pauvre, mais raffiné. Comme les bouquets bretons que nous saisissons à la poêle, à feu vif, sur un lit noir et blanc de poivre et de sel, avant de les napper d'huile d'olive. Avec une pensée pour l'esthète romain qui, sous l'Empire, inventa la salière en disposant sur des coupelles du poivre blanc et du sel noir. Et une autre pour la gourmande épouse de Trimalcion, Fortuneta, qui inventa la poivrière en broyant le poivre à table, dans un petit moulin de buis. Car notre sel est blanc comme l'est la fleur de sel de Guérande, et notre poivre noir, plus fruité que le blanc des Romains qui pensaient qu'il était le fruit d'un arbre différent. Il dégage lorsqu'on le chauffe un capiteux parfum d'encens hérité de son origine javanaise. Il est malheureusement rare, comme ces épices inaccessibles jusqu'au XVII^e^ siècle, dont on ne connaissait pas l'origine et dont on rêvait en imaginant que pour être si belles et si bonnes, elles ne pouvaient que venir du paradis. Ainsi la maniguette reçut-elle le surnom de « graine de paradis », bien trop joli pour disparaître, et dont la seule évocation éveille la gourmandise et la curiosité.

Le paradis des parfums, des saveurs et des couleurs est à portée de main, d'imagination et de gourmandise. Ses portes sont grandes ouvertes à l'art de cuisiner et à la passion de la cuisine.

*poivre-fleur*

# AIL

*Allium sativum*

Ail vient du celte *all* qui signifie « chaud », « brûlant », comme peut être l'ail de l'hiver. En revanche, en mai, lors de la récolte, les bulbes de l'ail sont tendres et délicats. Les gousses, que l'on surnomme « grains », et qui sont des « caïeux », peuvent être consommées crues, sans risque d'agresser ni brûler le palais. Elles sont entourées de nombreuses peaux blanches, côtelées, à la saveur si subtile et si fraîche que l'on peut les utiliser dans des salades, des soupes ou des sauces, simplement effilochées ou finement ciselées. Éliminez cependant les premières peaux, colorées et veinées de rose vif ou de violet, qui sont un peu coriaces.

L'ail frais ne se conserve que quelques jours au réfrigérateur, contrairement à celui que l'on récolte beaucoup plus tard, à la Saint-Jean, et que l'on nomme « ail de garde ». Celui-ci se conserve en effet toute l'année, jusqu'à la récolte suivante, comme le « moulinin rouge » que l'on vend sur le marché aux aulx de Marseille. Les Américains lui consacrent même une fête annuelle à La Nouvelle-Orléans. On y célèbre l'« *elephant garlic* », le plus gros ail du monde, dont la tête ne contient que trois énormes gousses, et que l'on tresse en colliers contre les vampires !

## Ail confit aux aromates

*Pour 8-10 personnes. Préparation : 5 minutes.*
*Cuisson : 45 minutes, à l'avance.*

2 GROSSES TÊTES D'AIL NOUVEAU, 3 FEUILLES DE LAURIER
2 BRINS DE ROMARIN, 3 PIMENTS OISEAUX
1 CUILLÈRE À CAFÉ DE POIVRE NOIR EN GRAINS
HUILE D'OLIVE FRUITÉE

1. Retirez les feuilles extérieures des têtes d'ail et séparez les gousses. Ne les pelez pas.
2. Mettez les gousses d'ail dans une casserole. Ajoutez le laurier, le romarin, le piment et le poivre. Couvrez d'huile – il en faudra plus ou moins 1/2 litre selon la taille de la casserole et celle des gousses d'ail.
3. Posez la casserole sur feu doux, et dès que l'huile commence à frémir, laissez cuire 45 minutes : la cuisson doit être menée à feu très doux et l'huile ne doit jamais bouillir, mais juste frémir.
4. Lorsque les gousses d'ail sont confites, laissez refroidir, puis mettez en bocaux. Réservez ces bocaux au réfrigérateur où ils se conserveront un mois environ.

*– Vous pouvez réchauffer ce confit au micro-ondes et l'utiliser comme garniture de viandes rôties, de filets de poissons poêlés, de ratatouilles...*

*– Si vous poursuivez la cuisson, l'ail sera alors si fondant que vous pourrez en tartiner de petits croûtons qui accompagneront confits de légumes, salades, viandes et poissons.*

# Spaghetti aux gousses d'ail rôties

*Pour 4 personnes.*
*Préparation et cuisson : 15 minutes.*

400 G DE SPAGHETTI MOYENS
1 TÊTE D'AIL NOUVEAU
1 PIMENT DE CAYENNE
1 DL D'HUILE D'OLIVE FRUITÉE
SEL, POIVRE

1. Pelez les gousses d'ail ; laissez les plus petites entières et coupez les plus grosses en deux.
2. Versez l'huile dans une poêle antiadhésive de 18 cm de diamètre et faites-la chauffer sur feu très doux. Ajoutez les gousses d'ail et le piment et faites-les cuire 10 minutes, toujours à feu très doux, sans les laisser dorer : les gousses d'ail doivent être moelleuses, couleur jaune paille, légèrement fripées, confites en quelque sorte. Retirez alors le piment.
3. Pendant ce temps, faites cuire les spaghetti *al dente* dans beaucoup d'eau bouillante salée. Égouttez-les et mettez-les dans un plat légèrement creux : ainsi, on ne tournera pas trop les spaghetti pour les enrober d'huile. Saupoudrez-les de sel fin – cela évitera que l'huile ne glisse trop facilement sur les pâtes.
4. Versez le contenu de la poêle sur les pâtes. Mélangez et servez aussitôt. Poivrez au moment de déguster.

*– Vous pouvez servir ces spaghetti avec du fromage râpé, parmesan ou pecorino.*

*– S'il vous reste des spaghetti, faites-les dorer à la poêle sur les deux côtés : vous obtiendrez une délicieuse galette croustillante.*

# ANETH

*Anethum graveolens*

L'aneth est une ombellifère aux feuilles filiformes à l'arôme légèrement anisé, et aux fleurs jaunes très aromatiques qui, en été, produisent des graines brunes, ovales et striées, très légères, au goût proche de celui du carvi. Son cousin, le « dill », au goût similaire, a des fleurs blanches.

Si les graines sèches sont aromatiques, les feuilles ne sont parfumées que fraîches. On les retrouve dans la cuisine scandinave où elles entrent dans la marinade du fameux *gravlax*, saumon mariné, ainsi que dans la sauce salée-sucrée qui l'accompagne. En Pologne et en Russie, on les retrouve dans les *bortch* et dans les plats mijotés. En Arménie, l'aneth est *tere-ote*, l'herbe de Dieu, et parfume entre autres les célèbres *dolmas* (feuilles de vigne farcies) et les *beureks* (chaussons feuilletés au fromage).

La saveur anisée de l'aneth – proche du fenouil sauvage à l'aspect très voisin – n'est agréable que lorsqu'il est employé cru, dans les salades, mêlé à du fromage blanc, dans une salade de concombre au yaourt, dans les potages au moment de servir... Cuit, son arôme délicat disparaît. Dans les salades composées de feuilles, de fleurs et d'herbes, l'aneth s'intègre admirablement.

*Anethum sawo*, le cousin indien de notre aneth, entre dans la composition de certains curries. Ses graines, plus longues et plus étroites, se rapprochent du cumin.

L'aneth est une des herbes les plus anciennement connues en Occident, et on lui prête nombre de vertus curatives, en particulier celles d'être calmante et digestive. Dans l'Antiquité, il symbolisait la joie de vivre et, au Moyen Âge, il était censé neutraliser le mauvais sort.

# Saumon mariné à l'aneth,

*sauce moutarde à la crème*

*Pour 8 personnes.*
*Préparation : 15 minutes.*
*Marinade : 12 heures.*

1 filet de saumon de 1,5 kg
1 cuillère à soupe de graines d'aneth
3 cuillères à soupe de sucre semoule
4 cuillères à soupe de gros sel de mer
1 cuillère à soupe de poivre blanc concassé
2 gros bouquets d'aneth

**Pour la sauce :**

200 g de crème fraîche épaisse
2 cuillères à soupe d'huile d'olive
1 cuillère à soupe de moutarde de Dijon
2 cuillères à soupe de jus de citron
1 cuillère à soupe d'aneth ciselé
1 cuillère à soupe de ciboulette ciselée
6 pincées de noix muscade râpée
Sel, poivre

1. Rincez le saumon et épongez-le. Lavez les bouquets d'aneth et épongez-les. Séparez les tiges et les feuilles.
2. Hachez les feuilles d'aneth et étalez les tiges dans un plat profond pouvant contenir le saumon. Mélangez le gros sel, le sucre, les graines et les feuilles d'aneth, et le poivre blanc dans un bol.
3. Couchez le saumon dans le plat, côté peau contre les tiges d'aneth. Parsemez la chair du poisson du mélange contenu dans le bol. Couvrez d'un film plastique et mettez le tout au réfrigérateur. Laissez mariner 12 heures.
4. Au bout de ce temps, rincez le poisson et épongez-le. Posez-le sur une planche, côté peau contre la planche. Coupez le saumon en fines tranches à l'aide d'un couteau bien affûté, la lame presque parallèle à la planche, en n'entamant pas la peau – elle restera sur la planche une fois le découpage terminé. Disposez les tranches sur un grand plat, couvrez-le d'un film plastique et gardez-le au réfrigérateur pendant que vous préparez la sauce.
5. Mélangez la moutarde et la crème dans un bol. Versez le jus de citron en fouettant jusqu'à ce que la crème épaississe. Ajoutez l'huile, l'aneth et la ciboulette, la noix muscade, le sel et le poivre. Versez dans une saucière.
6. Servez le saumon mariné et sa sauce à part. Chaque convive nappera de sauce les tranches de saumon avant de les déguster.

*– Accompagnez d'asperges vertes ou sauvages, de quartiers de citron, de pommes vapeur...*

*– Ne laissez pas mariner le saumon au-delà de 12 heures, il serait trop salé. Si vous ne le servez pas aussitôt, conservez-le au réfrigérateur, après l'avoir légèrement huilé, enveloppé dans un film plastique.*

# ANIS & FENOUIL

*Pimpinella anisum & Foeniculum vulgare*

L'anis ou anis vert, *Pimpinella anisum*, est une petite plante ombellifère des jardins méditerranéens, cultivée depuis si longtemps que l'on ne la connaît plus à l'état sauvage. Les feuilles fraîches, vert vif, sont exquises dans les salades. Les fleurs blanches donnent naissance à des graines ovales brun clair marquées de dix stries, que l'on consomme entières ou moulues, dans les pains et les desserts, et qui entrent dans la composition des épices pour pain d'épices, la fabrication de l'anisette, de l'*ouzo* grec ou du *raki* turc.

Au Moyen Âge, on servait en dessert des graines d'anis confites, et Taillevent, le maître queux de Charles V et de Charles VI, préparait une pâte composée d'anis, de cannelle et de gingembre broyés pour parfumer ses tartes aux pommes. Aujourd'hui encore, en Inde, on mâche des graines d'anis pour purifier l'haleine et faciliter la digestion.

Le fenouil sauvage ou amer, *Foeniculum vulgare*, pousse le long des chemins de Bretagne et de Provence. Si ses feuilles s'utilisent comme celles de l'aneth, malgré leur parfum plus agressif, on préfère, dans les pays méditerranéens, ses tiges séchées, avant que les graines n'arrivent à maturité. Elles s'emploient comme du petit bois et dégagent un délicieux parfum anisé qui embaume loups et daurades cuits sur les braises. Ses graines côtelées, incurvées, vert-jaune, au goût anisé, sont excellentes moulues pour parfumer les soupes de poissons, les farces et les charcuteries, ainsi que les liqueurs. Entières, on les retrouvent dans les pains, sur les sardines grillées en Sardaigne, sur les rougets en Ligurie...

Le « fenouil doux de Florence », variété potagère qui donne des bulbes aux feuilles tendres et succulentes, est un délicieux légume à déguster cru ou cuit. Ses feuilles peuvent être utilisées comme celles du fenouil sauvage ou de l'aneth.

# Pâtes aux sardines

*Pour 4 personnes. Préparation : 45 minutes.*
*Cuisson : 30 minutes.*

300 G DE GROS SPAGHETTI TROUÉS (« *BUCATINI* » OU « *PERCIATELLI* »), 750 G DE SARDINES FRAÎCHES
4 FILETS D'ANCHOIS AU SEL, 50 G D'OIGNONS DOUX
400 G DE FENOUIL SAUVAGE OU DE MINI-FENOUILS
1 CUILLÈRE À CAFÉ DE PÂTE D'ANCHOIS
2 CUILLÈRES À SOUPE DE PIGNONS
2 CUILLÈRES À SOUPE DE RAISINS DE CORINTHE
5 CUILLÈRES À SOUPE D'HUILE D'OLIVE, SEL, POIVRE

1. Laissez tremper les raisins dans de l'eau tiède. Épongez les filets d'anchois et coupez-les en petits morceaux. Pelez les oignons et hachez-les finement.
2. Coupez la base des fenouils et rincez-les. Faites-les cuire 15 minutes ou plus, dans 2 litres d'eau salée, puis égouttez-les en réservant l'eau. Hachez-les finement au couteau.
3. Écaillez les sardines, videz-les et étêtez-les. Levez-en les filets, retirez toutes les arêtes, rincez-les et épongez-les.
4. Faites chauffer l'huile dans une sauteuse antiadhésive de 24 cm et faites blondir les oignons. Ajoutez les fenouils et laissez cuire 10 minutes. Ajoutez la pâte d'anchois, et lorsqu'elle a fondu, les pignons. Laissez-les dorer, puis ajoutez les raisins, mélangez 30 secondes et ajoutez les filets de sardines. Faites-les cuire 3 minutes, en mélangeant, sans craindre de les briser. Salez, poivrez, puis retirez du feu.
5. Faites cuire les spaghetti *al dente* dans l'eau de cuisson des fenouils, égouttez-les, mais pas à fond, puis ajoutez-les dans la sauteuse. Mélangez bien et dégustez tiède ou froid.

# ANIS ÉTOILÉ

*Illicum verum*

Une étoile brune aux huit carpelles mats s'ouvrant sur huit graines ovales, lisses et brillantes : c'est l'anis étoilé ou badiane, aussi joli qu'aromatique. Ces étoiles sont les fruits d'un petit arbre aux fleurs jaunes, cousin du magnolia, qui ne donne des fruits qu'au bout de six ans, mais continue pendant plus d'un siècle ! La partie la plus aromatique du fruit est la cosse, mais on utilise surtout les graines réduites en poudre pour préparer les « cinq parfums », mélange très apprécié des Chinois et des Vietnamiens.

Utilisé depuis la plus haute Antiquité pour ses vertus médicinales, l'anis étoilé devint dès le Moyen Âge une épice très convoitée. Marco Polo, gouverneur d'une des provinces de Chine où l'on cultivait la badiane, se garda bien de dévoiler la provenance de cette épice qui se négociait à prix d'or. Le badianier est en effet un arbre rare, qui ne se plaît que dans le sud de la Chine et au nord du Vietnam, où il est symbole de prospérité.

Les boissons telles que l'anis, l'anisette, les apéritifs anisés et l'absinthe, font appel à son parfum doux, capiteux et fortement anisé. Un seul éclat de badiane, graine et cosse, suffit à parfumer une nage pour crustacés ou un court-bouillon pour poissons, sans oublier les volailles, les viandes rouges et les desserts – pommes et poires cuites, compotes de pêches ou de melon, mousse, gâteau ou tarte au chocolat.

# Bœuf en gelée
## *d'anis étoilé*

*Pour 6 personnes. Préparation : 10 minutes.*
*Cuisson : 4 heures, à l'avance.*

1 KG DE BŒUF DÉSOSSÉ : MACREUSE, GÎTE, AIGUILLETTE
4 CUILLÈRES À SOUPE DE SAUCE DE SOJA
2 CUILLÈRES À SOUPE DE VERMOUTH BLANC SEC
2 CUILLÈRES À SOUPE DE SUCRE SEMOULE
80 G DE GINGEMBRE FRAIS, 3 ÉTOILES D'ANIS,
2 FEUILLES DE GÉLATINE, SEL, POIVRE

1. Faites bouillir de l'eau dans une grande marmite. Plongez-y la viande, laissez-la cuire 5 minutes puis égouttez-la. Rincez et essuyez la marmite.
2. Remettez la viande dans la marmite. Ajoutez la sauce de soja, le vermouth, le sucre, le gingembre coupé en rondelles et les étoiles d'anis. Salez et poivrez. Versez juste assez d'eau pour couvrir la viande. Portez à ébullition sur feu doux, puis couvrez la marmite et laissez mijoter 4 heures ou plus, jusqu'à ce que la viande soit très tendre.
3. Lorsque la viande est cuite, égouttez-la et laissez-la refroidir. Réservez-la ensuite au réfrigérateur.
4. Faites ramollir les feuilles de gélatine dans de l'eau froide. Filtrez le jus de cuisson de la viande au-dessus d'une casserole et laissez-le réduire sur feu vif, jusqu'à ce qu'il en reste environ 1/4 de litre. Ajoutez alors les feuilles de gélatine égouttées dans le liquide bouillant : elles fondent aussitôt. Retirez du feu. Laissez refroidir puis versez dans un petit moule rond ou carré sur 1 cm d'épaisseur. Laissez prendre en gelée au réfrigérateur.
5. Au moment de servir, coupez la viande en très fines tranches et dressez-les sur un plat de service. Coupez la gelée en cubes et garnissez-en la viande.

*– Dégustez la viande et sa gelée avec une salade verte, des petits légumes à l'aigre-doux et des oignons confits.*

# Pommes au miel
## *d'anis étoilé*

*Pour 4 personnes.*
*Préparation et cuisson : 40 minutes.*

4 POMMES DE 200 G CHACUNE :
REINES DES REINETTES, GALA OU GOLDEN
80 G DE MIEL D'ACACIA, 4 ÉTOILES D'ANIS
1/2 CITRON

1. Versez le miel dans une casserole de 20 cm de diamètre. Ajoutez 4 dl d'eau et les étoiles d'anis. Portez à ébullition.
2. Pelez les pommes en leur laissant le pédoncule. Frottez chaque pomme avec le demi-citron. Plongez-les dans le sirop bouillant et laissez cuire 30 minutes à petits frémissements, à découvert, en retournant les pommes de temps en temps.
3. Égouttez les pommes et mettez-les dans un plat creux. Faites réduire le sirop de cuisson pendant 5 minutes à feu modéré, jusqu'à ce que de petites bulles se forment. Nappez-en les pommes.
4. Servez ces pommes chaudes ou tièdes. Elles sont aussi très bonnes froides et même glacées.

*– Accompagnez les pommes de tuiles aux amandes : mélangez 1 cuillère à soupe de farine et 80 g de sucre semoule. Ajoutez 25 g de beurre fondu, 120 g d'amandes effilées, 2 blancs d'œufs, et mélangez bien. Laissez reposer la pâte pendant 12 heures au réfrigérateur, puis étalez-la en très fins disques ou en longues lanières sur une plaque antiadhésive. Faites cuire 7 à 8 minutes au four th. 5 (175 °C), puis soulevez les tuiles avec une spatule à fentes : elles doivent être molles et élastiques. Posez-les à cheval sur un rouleau à pâtisserie si elles sont petites, ou sur une bouteille si elles sont grosses, ou encore, entortillez les lamelles sur un manche de spatule. Très vite, les tuiles sécheront en prenant une jolie forme. Laissez-les ensuite refroidir sur une grille.*

# BOUQUET GARNI

Invention française, le bouquet garni fait partie des ingrédients essentiels de notre cuisine, parfumant pot-au-feu et nages, bouillons et poules au pot, daubes et autres plats mijotés. On ne mentionne même plus sa composition, tant elle est censée être connue de tous : thym, laurier et persil, liés par un fil de cuisine. On plonge le bouquet en début de cuisson, dans l'eau froide, pour ne le retirer qu'en fin de cuisson.

L'important est de bien doser les trois éléments, qui doivent être frais : un brin de thym, deux feuilles de laurier, trois tiges de persil – les feuilles n'étant pas essentielles. Les proportions peuvent cependant varier selon la composition du plat et le goût de chacun. Pour les viandes rouges en daube, il faudra ajouter du céleri et un zeste d'orange séché ; pour les viandes blanches, un brin d'estragon ; pour les volailles, du romarin ou de la sarriette ; pour le porc, de la sauge ; pour les fruits de mer, du fenouil et un zeste de citron... sans forcément utiliser toutes les herbes de base. Dans tous les cas, le bouquet garni est accompagné d'oignon, d'ail ou d'échalote dans lesquels on a piqué un ou plusieurs clous de girofle. Le bouquet garni peut être aussi grossièrement émietté et enfermé dans une mousseline, ou encore emprisonné dans des feuilles de laurier, ficelées avec du coton blanc, comme on le trouve sur certains marchés d'Espagne. En Italie, on utilise un autre trio aromatique indispensable – céleri, carotte et oignon en mirepoix –, que l'on appelle simplement *gli odori*, les parfums.

# Daube de bœuf aux anchois

*Pour 6 personnes.*
*Préparation : 30 minutes.*
*Cuisson : 5 heures.*

1,8 KG DE RUMSTECK
1 KG D'OIGNONS
4 ANCHOIS AU SEL
1 BOUQUET GARNI : 3 FEUILLES DE LAURIER,
2 BRINS DE THYM, 6 TIGES DE PERSIL,
1 LANIÈRE DE ZESTE D'ORANGE DE 5 CM DE LONG
4 GOUSSES D'AIL
4 CLOUS DE GIROFLE
4 PINCÉES DE NOIX MUSCADE RÂPÉE
2 CUILLÈRES À SOUPE DE VINAIGRE DE VIN VIEUX
5 CUILLÈRES À SOUPE D'HUILE D'OLIVE
SEL, POIVRE

1. Demandez à votre boucher de couper la viande en tranches de 100 g environ et de 1/2 cm d'épaisseur. Épongez-les.
2. Versez dans un saladier 3 cuillères à soupe d'huile, le vinaigre, les clous de girofle, le sel, le poivre et la noix muscade. Émulsionnez à la fourchette et ajoutez la viande. Mélangez bien afin que chaque tranche soit enrobée d'émulsion parfumée. Liez les éléments du bouquet garni.
3. Allumez le four, th. 4 (150 °C). Pelez 3 gousses d'ail et passez-les au presse-ail au-dessus d'un autre saladier. Pelez les oignons, émincez-les très finement et ajoutez-les à l'ail. Salez, poivrez et mélangez.
4. Huilez une cocotte de 4 litres avec 1 cuillère à soupe d'huile et étalez-y une couche d'oignons. Couvrez d'une couche de viande et continuez ainsi jusqu'à épuisement des ingrédients, en glissant le bouquet garni au centre de la cocotte et en terminant par des oignons. Versez-y la marinade. Couvrez la cocotte et glissez-la au four. Laissez cuire 5 heures.
5. Préparez les anchois : frottez-les sous l'eau courante afin d'éliminer tout le sel puis levez-en les filets et mettez-les dans le bol d'un robot. Pelez la dernière gousse d'ail et ajoutez-la dans le bol. Versez la dernière cuillère d'huile et 4 cuillères à soupe de jus prélevé dans la cocotte. Mixez jusqu'à obtention d'une pâte. Versez cette pâte dans la daube chaude, mélangez délicatement et laissez mijoter 3 minutes. Servez aussitôt, dans la cocotte.

*– Accompagnez de petites pommes de terre vapeur (charlottes, rosevals, rattes) ou de grosses pâtes courtes (escargots, papillons, penne...) .*

# Poule au pot safranée

*Pour 6 personnes.*
*Préparation : 15 minutes.*
*Cuisson : 2 heures.*

1 POULE DE 2 KG, PRÊTE À CUIRE
1 BOUQUET GARNI : 4 FEUILLES DE LAURIER,
2 BRINS DE THYM, 8 TIGES DE PERSIL
1 CÔTE DE CÉLERI AVEC SES FEUILLES
1 TOMATE MÛRE
1 OIGNON
1 TÊTE D'AIL
6 CLOUS DE GIROFLE
1/2 LITRE DE VIN BLANC SEC
4 PINCÉES DE SAFRAN EN POUDRE
1 CUILLÈRE À CAFÉ DE POIVRE EN GRAINS
SEL

1. Mettez la poule dans une marmite et couvrez-la largement d'eau froide. Posez la marmite sur feu doux et portez à ébullition. Laissez cuire 30 minutes, en écumant souvent.
2. Pelez l'oignon et piquez-le des clous de girofle. Liez les éléments du bouquet garni. Coupez la tomate en 4 et la branche de céleri en tronçons, en réservant les feuilles. Coupez la tête d'ail en deux dans l'épaisseur.
3. Ajoutez l'oignon et la tomate après 30 minutes de cuisson de la poule, avec le bouquet garni, le céleri, le safran, le poivre, le vin et la tête d'ail. Salez et laissez cuire 1 heure 30.
4. Au bout de ce temps, égouttez la poule et gardez-la au chaud. Éliminez l'ail et le bouquet garni du bouillon. Réservez 1 litre de bouillon et faites réduire le reste jusqu'à ce qu'il devienne sirupeux. Nappez la poule du bouillon réduit et servez aussitôt.

– *Vous pouvez servir la poule avec des légumes que vous ferez cuire dans le reste de bouillon : poireaux, carottes, choux-fleurs, pois gourmands... ou du riz long.*

# CANNELLE

*Cinnamomum verum / Zeylanicum*

La cannelle est l'écorce d'un très grand arbre de la famille du laurier. On la prélève à la saison des pluies, lorsque l'arbre est rempli de sève. On découpe l'écorce en lanières qui sont mises à sécher puis roulées à la main en forme de tuyaux. Ces bâtons sont parfaits pour parfumer sirops, boissons, lait, vins, chocolat ou café ; ils peuvent être glissés dans des bocaux de fruits à l'alcool, au vinaigre ou au sirop. La poudre de cannelle est pratique pour être intégrée à des mélanges d'épices, être incorporée à des farces, des pâtes de gâteaux, ou pour parsemer des tartes aux fruits, des gâteaux de riz, des biscuits... Elle apporte également une délicieuse touche finale, douce et fleurie, aux plats déjà épicés de curry, ras-el-hanout, cumin ou gingembre, comme les tajines, les curries, les colombos, les pullaos et autres chutneys, et une exquise ampleur, un peu mystérieuse, à un coulis de tomates aromatisé au laurier.

La meilleure cannelle, douce, délicate, capiteuse et suave, vient de Sri Lanka, autrefois Ceylan. Il ne faut pas la confondre avec la casse, ou fausse cannelle (*Cinnamon cassia*), la « cannelle de Chine », originaire de Birmanie, au goût plus chaud, âcre, musqué, piquant, presque agressif. Elle se présente sous forme de morceaux d'écorce bruns et rugueux, et la poudre a une couleur rouge sombre alors que celle de la véritable cannelle est chamois. Du cannelier-casse, on utilise aussi les fruits et les petits boutons de ses fleurs blanches séchés avant maturité, en infusions, pour soulager rhumes et grippes.

La cannelle est l'une des épices les plus anciennement utilisées, en Inde comme en Chine, où l'on retrouve sa trace dans un traité de botanique datant de 2700 av. J.-C. Chez nous, on l'appréciait au Moyen Âge pour parfumer les vins, les ragoûts et les sauces.

# Gâteaux de sable

*Pour 30 gâteaux. Préparation : 25 minutes.*
*Repos : 1 heure. Cuisson : 40 minutes.*

500 G DE FARINE DE BLÉ BLANCHE, TYPE 45
200 G DE SUCRE SEMOULE
1 CUILLÈRE À SOUPE DE CANNELLE EN POUDRE
1 SACHET DE LEVURE CHIMIQUE, 1 CITRON NON TRAITÉ
2 DL D'HUILE D'ARACHIDE
**Pour la cuisson :** 1 CUILLÈRE À CAFÉ D'HUILE D'ARACHIDE

1. Tamisez la farine et la levure dans une terrine. Ajoutez le sucre et les 2/3 de la cannelle. Lavez le citron et râpez son zeste au-dessus de la terrine. Mélangez.
2. Versez l'huile en mince filet et mélangez du bout des doigts. Ensuite, frottez la pâte par poignées entre les paumes de vos mains et laissez-la retomber dans la terrine, sous forme de sable. Couvrez d'un linge et laissez reposer 1 heure.
3. Au bout de ce temps, allumez le four th. 5 (175 °C). Huilez légèrement deux plaques à pâtisserie. Prenez la valeur d'une cuillère à soupe de pâte et roulez-la dans le creux d'une main en l'aplatissant légèrement avec la paume de l'autre main, sans trop tasser la pâte.
4. Déposez les fragiles gâteaux de sable sur les plaques, en les espaçant de 2 cm. Glissez au four et laissez cuire 40 minutes, jusqu'à ce que les gâteaux soient gonflés, craquelés mais non dorés. Parsemez chaque gâteau de quelques pincées de cannelle et laissez-les refroidir sur une grille.

*– Ces délicieux gâteaux, que l'on déguste sur les rivages de la Méditerranée, se conservent plusieurs jours dans une boîte métallique hermétiquement close.*

# Compote de melon aux trois parfums

*Pour 4 personnes.*
*Préparation : 15 minutes.*
*Cuisson : 15 minutes.*
*Repos : 6 heures.*

2 MELONS DE 600 G CHACUN

2 BÂTONS DE CANNELLE

1 GOUSSE DE VANILLE

40 G DE GINGEMBRE FRAIS

60 G DE SUCRE SEMOULE

1. Pelez le gingembre et coupez-le en fins bâtonnets. Fendez la vanille dans la longueur. Mettez le gingembre, la vanille, la cannelle et le sucre dans une sauteuse antiadhésive de 24 cm de diamètre. Ajoutez 3 dl d'eau et portez à ébullition. Laissez bouillir 5 minutes.
2. Pendant ce temps, coupez les melons verticalement en deux et retirez les graines. Coupez chaque demi-melon en tranches de 1 cm d'épaisseur et retirez-en l'écorce.
3. Au bout de 5 minutes de cuisson du sirop, ajoutez les tranches de melon dans la sauteuse. Laissez-les cuire 3 minutes de chaque côté à feu doux puis retirez-les de la sauteuse avec une spatule à fentes. Faites réduire le jus de cuisson jusqu'à ce qu'il soit très sirupeux.
4. Mettez les tranches de melon dans une jatte et nappez-les de sirop aux épices. Laissez reposer 6 heures au réfrigérateur avant de déguster.

*Servez cette compote de melon avec un mélange de fruits rouges : fraises des bois, framboises, groseilles égrappées..., une glace à la vanille ou un sorbet au chocolat.*

# CARDAMOME

*Ellateria cardamomum*

À l'ouest du Cambodge s'étendent les monts de la Cardamome, qui ont donné leur nom à cette épice de la même famille que le gingembre. Ce roseau de 1,50 mètre de haut produit des fruits se présentant comme une petite capsule ronde et beige pour ce qui est de la cardamome cambodgienne ; allongée et verte, ou encore plus grosse et brune, pour la cardamome indienne. Poussant à l'état sauvage dans les forêts humides d'Asie, elle est aujourd'hui cultivée au Guatemala, en Tanzanie, au Vietnam et au Cambodge. Les fruits sont cueillis aux ciseaux, avant leur maturité, pour éviter que les gousses ne s'ouvrent, laissant échapper leurs précieuses graines noires et parfumées. Seules les gousses entières sont commercialisées.

Très prisée en Inde, la cardamome entre dans la composition des mélanges d'épices (curries et garam massala), et on la croque avec des graines d'anis vert et des perles de sucre, après le repas, dans un mélange coloré appelé *suppari*.

D'Asie, la cardamome a conquis le Moyen-Orient. Ses graines sont moulues avec le café, ou bien une gousse de cardamome ouverte est déposée dans la tasse. En Afrique, elle entre dans la composition de tous les mélanges d'épices, comme en Éthiopie, au Yémen ou au Maroc. Peu connue chez nous aujourd'hui, elle entrait cependant dans la composition du pain d'épices dès le XII^e^ siècle, et les Scandinaves en parfument toujours certaines charcuteries, leurs pains, leurs pâtisseries et leurs boissons chaudes.

Son goût fort, amer, citronné et plus ou moins camphré selon les variétés, fait de la cardamome une épice peu utilisée chez nous. Pourtant, en dehors des plats exotiques, elle est exquise dans les salades de fruits, les compotes, les desserts au chocolat ou au café.

Pour apprécier au mieux ses parfums, ouvrez les capsules juste au moment de les utiliser, et faites griller légèrement les graines dans une poêle sèche afin d'en exhaler tous les arômes. Cuisinez ensuite les graines entières ou pilées.

# Gâteau au chocolat

*sauce café à la cardamome verte*

*Pour 4 personnes.*
*Préparation : 25 minutes.*
*Cuisson : 40 minutes.*

**Pour le gâteau :**

100 G DE CHOCOLAT DE COUVERTURE NOIR AMER
1 DL DE CRÈME LIQUIDE, 1 GOUSSE DE VANILLE
6 CARDAMOMES NOIRES
2 ŒUFS
2 CUILLÈRES À CAFÉ D'ARROW-ROOT (FÉCULE)
1 CUILLÈRE À SOUPE DE SUCRE SEMOULE

**Pour la sauce :**

100 G DE CASSONADE
1 DL DE CAFÉ TRÈS FORT
6 CARDAMOMES VERTES
150 G DE CRÈME FRAÎCHE ÉPAISSE

**Pour le moule :**

1 NOISETTE DE BEURRE
2 CUILLÈRES À CAFÉ DE SUCRE SEMOULE

1. Allumez le four, th. 6 (200 °C). Beurrez un moule à soufflé en porcelaine à feu de 16 cm de diamètre et saupoudrez-le de sucre. Faites tourner le moule entre vos mains afin que le sucre recouvre entièrement le beurre. Retournez le moule afin d'éliminer l'excédent de sucre.
2. Fendez la gousse de vanille en deux dans la longueur et mettez-la dans une casserole avec les cardamomes légèrement écrasées. Ajoutez la crème et portez à ébullition, puis retirez du feu. Laissez infuser 15 minutes puis filtrez la crème et faites-la réchauffer sur feu doux. Ajoutez le chocolat cassé en petits morceaux et laissez reposer 10 minutes, afin que le chocolat fonde. Lissez alors le mélange avec une spatule puis versez-le dans une terrine. Ajoutez l'arrow-root, mélangez et laissez complètement refroidir.
3. Cassez les œufs en séparant les blancs des jaunes. Réservez les jaunes dans leur demi-coquille ou un bol, et les blancs dans un saladier. Incorporez les jaunes un à un au contenu de la terrine, en remuant pendant 1 minute.
4. Battez les blancs en neige ferme puis incorporez le sucre sans cesser de battre, jusqu'à ce que les blancs soient lisses et brillants, meringués. Incorporez 1 cuillère de blancs au contenu de la terrine, en tournant vivement, puis versez le contenu de la terrine sur les blancs. Mélangez délicatement, en soulevant la préparation et non en la tournant.
5. Versez la pâte dans le moule et glissez au four. Laissez cuire 40 minutes. Retirez alors le moule du four et laissez reposer le gâteau 10 minutes avant de le démouler sur un plat de service. Laissez-le refroidir.
6. Préparez la sauce : mettez la cassonade dans une poêle antiadhésive de 22 cm de diamètre. Ajoutez les cardamomes légèrement écrasées et 2 cuillères à soupe d'eau. Portez à ébullition et laissez cuire jusqu'à obtention d'un caramel ambré. Ajoutez le café et la crème. Mélangez bien puis laissez tiédir et versez en saucière.
7. Servez le gâteau et sa sauce, légèrement rafraîchie, à température ambiante.

# Riz basmati aux feuilles d'argent

*Pour 4 personnes.*
*Préparation : 15 minutes. Cuisson : 30 minutes.*

200 G DE RIZ BASMATI
100 G D'OIGNONS, 2 GOUSSES D'AIL
1 BÂTON DE CANNELLE DE 4 CM DE LONG
12 CARDAMOMES NOIRES
6 CARDAMOMES BLANCHES, 6 CARDAMOMES VERTES
4 PINCÉES DE NOIX MUSCADE RÂPÉE, 4 CLOUS DE GIROFLE
2 PINCÉES DE CUMIN EN POUDRE, 50 G DE BEURRE
1 CUILLÈRE À SOUPE D'HUILE D'ARACHIDE
4 À 6 FEUILLES D'ARGENT, SEL, POIVRE

1. Pelez les oignons et les gousses d'ail et hachez-les finement.
2. Faites chauffer l'huile dans une cocotte en fonte de 4 litres, ajoutez la moitié du beurre, l'ail et les oignons. Laissez-les blondir 5 à 6 minutes.
3. Ajoutez le riz et les épices dans la cocotte. Mélangez 2 minutes sur feu modéré, afin de faire légèrement rôtir le riz et les épices. Versez alors 1/2 litre d'eau bouillante. Salez, poivrez. Mélangez. Couvrez et laissez cuire 20 minutes environ, sans tourner, jusqu'à ce que le riz ait absorbé tout le liquide.
4. Lorsque le riz est cuit, ajoutez le reste de beurre et mélangez. Versez le riz dans un plat creux, parsemez des feuilles d'argent et servez.

*– Ce riz très parfumé est excellent pour accompagner tous les curries, mais aussi les grillades, les brochettes, le porc, l'agneau et le canard.*
*– Pour un très bel effet, colorez une partie du riz en le cuisant dans de l'eau additionnée de 1/2 cuillère à café de curcuma en poudre.*

*Curcuma*

# CARVI & CUMIN

*Carum carvi & Cuminum cyminum*

Tout les sépare mais de tous temps, on les a confondus. Et aujourd'hui encore. Pourtant, le carvi a une légère note citronnée et anisée que le cumin, poivré, n'a pas ; il est rafraîchissant alors que le cumin est chaud ; il pique la langue puis s'estompe quand le cumin pique le nez et persiste sous le palais. Pour compliquer encore les choses, en France, le carvi est souvent appelé cumin...

Le carvi, *Carum carvi*, est une plante d'origine asiatique, de la même famille que le persil, aujourd'hui parfaitement acclimatée en Europe où elle pousse dans nos champs. Cultivé en Europe centrale et du Nord, le carvi donne une petite graine brune et arquée, creusée de cinq sillons clairs, pointue aux deux extrémités. Il est utilisé dans les pains, les soupes, les charcuteries, les choucroutes et les fromages. Dans la province de Haarlem, en Hollande, il est cultivé depuis des siècles pour parfumer le gouda. En France, il parfume le pain d'épices et est traditionnellement servi avec le munster, en Alsace.

Le cumin, *Cuminum cyminum*, est né au bord de la vallée du Nil. Sa culture s'est rapidement propagée en Afrique du Nord, puis en Espagne et de là, aux Amériques. À l'est, il se répandit d'Asie Mineure jusqu'en Chine. Ses graines longues et droites, brun clair ou verdâtres, sont creusées de côtes longitudinales. Il existe aussi un cumin noir, aux fines graines longues et brunes et au parfum discret de foin coupé.

L'usage du cumin est très varié, seul ou en compagnie d'autres épices : en Inde, il est de tous les mélanges d'épices (curries, garam massala) ; en Afrique du Nord, il parfume les tajines, les couscous, les brochettes de viande, et entre dans la composition du ras-el-hanout ; en Turquie, il est sur toutes les tables pour accompagner viandes et légumes ; en Espagne, il assaisonne le chorizo avec de l'ail, de l'origan et du piment doux ou fort ; au Mexique, il est indispensable dans le *chili con carne*, avec les piments doux et fort, l'origan, l'ail et l'oignon...

# Cake orangé au carvi

*Pour 6 personnes.*
*Préparation : 20 minutes. Cuisson : 40 minutes.*

100 g de lard fumé en tranches d'1/2 cm d'épaisseur
50 g de mimolette vieille
3 cuillères à café de graines de carvi
2 cuillères à soupe de ciboulette ciselée
150 g de farine, 2 œufs
4 cuillères à soupe de lait
4 cuillères à soupe d'huile d'olive
1 cuillère à café de sucre
3/4 de cuillère à café de sel
1,5 cuillère à café de levure chimique
Beaucoup de poivre
**Pour la cuisson :**
1 noix de beurre, 2 cuillères à soupe de farine

1. Allumez le four, th. 5 (175 °C). Beurrez un moule à cake de 18 cm de long, puis poudrez de farine.
2. Coupez le lard en petits cubes et faites-les dorer dans une poêle antiadhésive. Égouttez-les sur du papier. Râpez finement la mimolette.
3. Cassez les œufs dans une terrine et ajoutez le sel, le poivre et le sucre. Battez au fouet électrique en incorporant le lait et l'huile. Ajoutez la farine et la levure en les tamisant, puis le lard, la mimolette râpée, 2 cuillères à café de graines de carvi et la ciboulette, en remuant avec une spatule.
4. Versez la préparation dans le moule et parsemez du reste de graines de carvi. Glissez au four. Baissez le thermostat à 4 (150 °C) et laissez cuire 40 minutes, jusqu'à ce que le cake soit gonflé et doré. Laissez-le reposer 5 minutes. Démoulez-le et laissez-le refroidir sur une grille.

# Carottes caramélisées au cumin

*Pour 4 personnes.*
*Préparation : 10 minutes.*
*Cuisson : 35 minutes.*

750 G DE JEUNES CAROTTES
12 GOUSSES D'AIL NOUVEAU
1 CUILLÈRE À SOUPE DE MIEL MILLE-FLEURS
1 CUILLÈRE À CAFÉ DE CUMIN EN POUDRE
1 CUILLÈRE À CAFÉ DE GRAINES DE CUMIN
50 G DE BEURRE
SEL, POIVRE

1. Pelez les carottes et laissez-les entières si elles sont petites ; sinon, coupez-les en rondelles obliques de 2 cm d'épaisseur. Pelez les gousses d'ail en leur laissant leur dernière enveloppe.
2. Mettez le beurre dans une sauteuse antiadhésive de 24 cm de diamètre. Ajoutez 2 dl d'eau, le cumin en poudre et en graines, le miel, le sel et le poivre. Portez à ébullition, puis ajoutez les carottes et les gousses d'ail. Laissez cuire 35 minutes environ à couvert, sur feu modéré, en mélangeant de temps en temps, jusqu'à ce que toute l'eau se soit évaporée et que les carottes soient caramélisées et fondantes.
3. Parsemez de graines de cumin et mélangez. Servez chaud.

*– Ces carottes sont excellentes avec les viandes blanches et les volailles rôties.*

*– Vous pouvez les accompagner de tuiles aux graines de cumin : mélangez à la cuillère en bois 2 blancs d'œufs et 30 g de sucre. Ajoutez 50 g de farine tamisée, 60 g de beurre fondu et 1 cuillère à soupe de graines de cumin. Étalez cette pâte en très fins disques sur une plaque antiadhésive. Faites cuire 8 à 10 minutes au four th. 5 (175 °C), puis soulevez-les avec une spatule à fentes : elles doivent être molles et élastiques. Posez-les à cheval sur un rouleau à pâtisserie si elles sont petites, ou sur une bouteille si elles sont grosses. Très vite, les tuiles sécheront en prenant une jolie forme. Laissez-les ensuite refroidir sur une grille avant de les déguster avec les carottes.*

# CINQ PARFUMS

C'est de Chine que nous vient ce mélange de cinq épices douces et fleuries : anis étoilé, poivre du Sechouan, fenouil, clou de girofle et cannelle. Mais de cinq, les parfums deviennent souvent huit, dix ou plus, le mélange s'enrichissant de réglisse, de gingembre, de cardamome... Pâtes à gâteaux, compotes de fruits, fruits d'automne – figues ou mirabelles, pommes ou poires –, sont délicieusement éveillés par quelques pincées de ce mélange magique... Il peut même remplacer le *pumpkin pie spice* (épice pour potiron), création nord-américaine – à base de cannelle, gingembre, noix muscade, macis, clou de girofle et piment de la Jamaïque –, destiné à parfumer la traditionnelle tarte au potiron d'Halloween.

Utilisé surtout dans le sud de la Chine et au Vietnam, ce mélange dit des « cinq parfums » aromatise marinades de viandes et de volailles. Dans la région du Sechouan, on le délaye dans du vin blanc chinois légèrement sucré et de l'eau, on y ajoute du gingembre frais râpé et de la ciboule hachée, afin de préparer un jus parfumé où cuiront viandes et volailles. C'est le « goût des cinq parfums », l'un des trente-sept goûts différents que cette province se targue de posséder – citons notamment les goûts de « piment grillé, épicé-salé, salé, sucré, ail pilé, salé-sucré, jus de gingembre... ».

De couleur ambrée ou brune, les cinq parfums, appelés aussi « cinq épices », est un mélange qui s'achète tout prêt dans les épiceries exotiques, mais que l'on peut également préparer soi-même, en dosant les épices à sa convenance.

# Bouchées de porc caramélisées

*Pour 36 bouchées.*
*Préparation : 10 minutes. Cuisson : 10 minutes.*

350 G DE PORC DÉSOSSÉ ET DÉGRAISSÉ :
POINTE DE FILET, ÉCHINE
4 CUILLÈRES À SOUPE DE SAUCE DE SOJA
3 CUILLÈRES À SOUPE DE VERMOUTH BLANC SEC
2 CUILLÈRES À SOUPE DE VIN MUSCAT :
BEAUMES-DE-VENISE, RIVESALTES, LUNEL...
2 CUILLÈRES À SOUPE D'HUILE D'ARACHIDE
1/2 CUILLÈRE À CAFÉ DE CINQ PARFUMS
SEL, POIVRE

1. Coupez le porc en cubes et mettez-les dans le bol d'un robot. Ajoutez 1 cuillère à soupe de sauce de soja, 1 cuillère à soupe de muscat, 1 cuillère à soupe de vermouth, le cinq parfums, le sel et le poivre. Mixez à vitesse moyenne pendant 1 minute, jusqu'à obtention d'un fin hachis.
2. Formez 36 bouchées en les roulant entre les paumes de vos mains. Pour les rouler facilement, trempez vos mains dans de l'eau froide.
3. Mélangez le reste de muscat, de sauce de soja et de vermouth dans un bol.
4. Faites chauffer l'huile dans une poêle antiadhésive de 28 cm de diamètre et faites dorer les bouchées pendant 8 à 10 minutes, en remuant. Éliminez l'huile de cuisson et versez le contenu du bol dans la poêle. Laissez cuire à feu vif jusqu'à ce que toute la sauce s'évapore et que les bouchées s'enrobent d'un caramel ambré.
5. Servez ces bouchées chaudes, tièdes ou froides. Accompagnez-les de riz ou de crudités.

*– Vous pouvez préparer ainsi du blanc de volaille.*

# Magrets aux figues et au miel,
## *fleur de sel aux cinq parfums*

*Pour 4 personnes.*
*Préparation : 15 minutes, 1 heure à l'avance.*
*Cuisson : 30 minutes.*

2 MAGRETS DE CANARD DE 400 G CHACUN
1 CUILLÈRE À SOUPE DE VINAIGRE BALSAMIQUE
1 CUILLÈRE À SOUPE DE MIEL D'ACACIA
1 CUILLÈRE À SOUPE DE POIVRE CONCASSÉ
SEL

**Pour les figues :**

12 FIGUES NOIRES, MÛRES À POINT
2 CUILLÈRES À SOUPE DE MIEL D'ACACIA
2 CUILLÈRES À SOUPE DE SUCRE CRISTALLISÉ ROUX
6 PINCÉES DE CANNELLE EN POUDRE

**Pour servir :**

1 CUILLÈRE À SOUPE DE FLEUR DE SEL
1 CUILLÈRE À SOUPE DE CINQ PARFUMS

1. Laissez les magrets 1 heure à température ambiante avant de les faire cuire.
2. Quadrillez la peau des magrets de quelques coups de couteau peu profonds. Saupoudrez-les de sel et de poivre côté chair. Faites chauffer une cocotte en fonte ovale de 29 cm de diamètre, sur un feu moyen. Couchez-y les magrets côté peau et laissez-les cuire 10 minutes, en arrosant le côté chair du gras rendu pendant la cuisson.
3. Préparez les figues : allumez le four, th. 8 (250 °C). Roulez les figues dans le miel, puis rangez-les dans un plat à four pouvant juste les contenir. Saupoudrez-les de sucre et de cannelle.
4. Après 10 minutes de cuisson des magrets, jetez le gras de cuisson. Retournez les magrets côté chair contre le fond de la cocotte et faites-les cuire 3 minutes, en piquant la peau croustillante de plusieurs coups de fourchette : du gras s'écoule encore. Retirez les magrets de la cocotte. Jetez tout le gras de cuisson.
5. Versez le vinaigre et le miel dans la cocotte et éteignez le feu : le vinaigre s'évapore complètement. Remettez les magrets côté peau dans la cocotte. Couvrez la cocotte et laissez reposer les magrets 10 minutes.
6. Pendant ce temps, glissez le plat contenant les figues dans le four chaud et laissez cuire pendant 10 minutes.
7. Retirez ensuite les magrets de la cocotte et posez-les sur une planche, côté peau contre la planche. Versez 1 cuillère à soupe d'eau chaude dans la cocotte et mélangez. Émincez finement les magrets et disposez-le dans 4 assiettes. Versez dans la cocotte le jus rendu pendant le découpage et mélangez. Nappez les tranches de magrets de cette petite sauce. Entourez-les de figues et servez aussitôt. Mélangez la fleur de sel et le cinq parfums et présentez-les dans une petite coupelle à part : vous en parsèmerez les magrets avant de les déguster.

# CITRONNELLE

*Cymbopogon citratus*

Née en Asie tropicale, la citronnelle ou schénanthe ou encore jonc odorant, est aujourd'hui cultivée dans le monde entier, sous les climats chauds et ensoleillés. De la citronnelle fraîche, on n'utilise que le bulbe renflé et les tiges jaune pâle, les feuilles vertes étant fibreuses. Grâce au citral – substance aromatique utilisée en parfumerie pour la production d'arôme citron – qu'elle contient, elle apporte aux mets ce goût si particulier, cher à la cuisine thaïlandaise et indonésienne. Séchée, en lanières ou en poudre, elle perd une grande partie de son goût.

La citronnelle fraîche peut être remplacée par un zeste de citron vert ou de combawa râpé. Vous pouvez cependant la cultiver facilement. Choisissez un bulbe très frais, ayant l'amorce de petites racines, et plongez-le dans un récipient rempli d'eau : les racines vont rapidement pousser et vous n'aurez qu'à mettre le bulbe en pot sur un balcon ensoleillé, où vous le verrez proliférer ; en hiver, gardez-le à l'intérieur, dans un coin lumineux.

# Curry de porc coco-citronnelle

*Pour 4 personnes.*
*Préparation : 20 minutes.*
*Cuisson : 1 heure 30.*

800 g de porc désossé et dégraissé :
échine, carré, filet mignon
100 g d'oignons
2 gousses d'ail
4 dl de lait de coco
3 bulbes de citronnelle fraîche
50 g de gingembre frais
2 cuillères à café de curry en poudre
1/2 cuillère à café de cannelle en poudre
4 à 6 pincées de piment de Cayenne en poudre
1 cuillère à soupe de jus de citron vert
2 cuillères à soupe de coriandre ciselée
Sel, poivre

1. Coupez la viande en cubes de 2 cm. Retirez les feuilles dures de la citronnelle et coupez les bulbes tendres en rondelles.
2. Pelez les oignons, l'ail et le gingembre. Hachez-les grossièrement et séparément.
3. Mettez le lait de coco dans le bol d'un robot. Ajoutez le hachis d'ail et d'oignons, le gingembre, le curry, la cannelle, le piment de Cayenne, le sel et le poivre. Mixez jusqu'à obtention d'une fine purée.
4. Versez la purée de coco aux épices dans une cocotte en fonte et ajoutez les cubes de viande. Mélangez et posez la cocotte sur feu doux. Portez à ébullition, couvrez, et laissez cuire 1 heure 30 à petits frémissements, en remuant de temps en temps.
5. Lorsque le porc est cuit, ajoutez la coriandre et le jus de citron. Mélangez 2 minutes, puis retirez du feu et servez aussitôt.

*– Accompagnez de riz, de chutneys divers, de fruits frais : rondelles de bananes, cubes de mangue verte ou d'ananas...*

# Salade de moules à la citronnelle fraîche

*Pour 4 personnes.*
*Préparation : 20 minutes. Cuisson : 4 minutes.*
*Macération : 30 minutes minimum.*

1 LITRE DE MOULES
3 BULBES DE CITRONNELLE, 1 CITRON VERT NON TRAITÉ
24 FEUILLES DE CORIANDRE FRAÎCHE, 1 PIMENT FRAIS
4 OIGNONS FRAIS OU 2 ÉCHALOTES FRAÎCHES
1 GOUSSE D'AIL
100 G DE SALADE : LAITUE, ROQUETTE, SCAROLE, MESCLUN
2 CUILLÈRES À SOUPE D'HUILE D'ARACHIDE

1. Grattez les moules, ébarbez-les, rincez-les et égouttez-les. Mettez-les dans une marmite et laissez-les s'ouvrir sur feu vif, en les remuant de temps en temps.
2. Égouttez les moules, décoquillez-les en en réservant quelques-unes entières ; mettez-les dans un saladier. Filtrez leur jus au-dessus d'une casserole et laissez-le réduire des 2/3. Laissez refroidir.
3. Retirez les feuilles dures de la citronnelle et coupez les bulbes tendres en fines rondelles obliques.
4. Rincez le citron et râpez son zeste au-dessus d'un bol. Ajoutez 4 cuillères à soupe du jus des moules, l'ail pelé et passé au presse-ail, le piment coupé en rondelles et l'huile. Fouettez vivement et versez cette sauce sur les moules. Mélangez et laissez macérer 30 minutes ou plusieurs heures au réfrigérateur.
5. Au moment de servir, mettez les moules dans un plat creux. Pelez les oignons ou les échalotes, et coupez-les en fines rondelles. Parsemez-en les moules, entourez-les de feuilles de salade et ajoutez les feuilles de coriandre.

*– Vous pouvez ajouter des feuilles de menthe ciselées au moment de servir.*

# CLOU DE GIROFLE

*Eugenia caryophyllus / Syzygium aromaticum*

Originaire de l'archipel des Moluques – surnommé l'« archipel des épices » – en Indonésie, le giroflier n'aime que le climat tropical marin. Il pousse aujourd'hui en Indonésie, à Madagascar, au Sri Lanka, sur l'île de Grenade dans l'archipel des Grenadines, et en Tanzanie. C'est de l'île de Zanzibar que nous viennent les meilleures de ces jolies épices dont le nom vient du latin *calvus* (clou), et dont le parfum, à la fois chaud et rafraîchissant, rappelle celui de l'œillet – les Italiens ne l'appellent-ils pas *chiodo di garofano*, « clou d'œillet » ? Ces clous sont les boutons des fleurs pourpres du giroflier, un arbre de plus de dix mètres de haut, qui ne fleurit qu'à vingt ans, et porte ensuite des boutons pendant plus de cinquante ans. Les boutons, roses lorsqu'on les cueille, sont séchés plusieurs jours au soleil où ils perdent deux tiers de leur poids et deviennent brun-rouge, puis brun foncé. Il faut les choisir lorsque leur tige est encore un peu rouge, et leurs boutons plus clairs, rugueux au toucher, exsudant un peu d'huile lorsqu'on les presse. Cette huile essentielle est aromatique, antiseptique et analgésique – un clou de girofle frotté sur une gencive douloureuse soulage les rages de dents et, lorsqu'on le suce pour rafraîchir son haleine, il engourdit légèrement le palais.

Les clous de girofle se conservent longtemps dans un bocal de verre fermé. La poudre est pratique pour les pâtisseries, les marinades et les mélanges d'épices.

## Citrons confits aux clous de girofle

*Pour 1 bocal de 1,5 litre.*
*Préparation : 30 minutes. Macération : 3 semaines.*

10 PETITS CITRONS JAUNES NON TRAITÉS (75 À 80 G)
30 CLOUS DE GIROFLE,
1 BÂTON DE CANNELLE DE 6 CM DE LONG
1 PIMENT DE CAYENNE
1 CUILLÈRE À SOUPE DE POIVRE NOIR EN GRAINS
10 CUILLÈRES À CAFÉ DE SEL DE MER FIN
3 CUILLÈRES À SOUPE DE GROS SEL DE MER

1. Rincez les citrons et incisez-les en croix, dans la hauteur, en les laissant attachés à leur extrémité.
2. Salez chaque citron au sel fin et glissez-les dans le bocal, en les serrant les uns contre les autres et en alternant les épices et le gros sel au fur et à mesure du remplissage du bocal. Couvrez les citrons d'eau.
3. Fermez le bocal et laissez confire les citrons 3 semaines dans un endroit frais et sombre. (N'utilisez que l'écorce des citrons.)

*– Lorsque vous aurez prélevé un ou plusieurs citrons, réservez le bocal au réfrigérateur.*

*– Les citrons confits entrent dans la composition de nombreux plats ; ils peuvent être servis comme condiments avec des viandes ou des poissons froids.*

# Aiguillette de bœuf aux sept clous de girofle

*Pour 4 personnes.*
*Préparation : 15 minutes. Cuisson : 5 heures.*

1 AIGUILLETTE DE RUMSTECK DE 1 KG, FICELÉE
1 KG DE GROS OIGNONS, 300 G DE SPAGHETTI MOYENS
50 G DE PARMESAN FINEMENT ET FRAÎCHEMENT RÂPÉ
7 CLOUS DE GIROFLE, SEL, POIVRE

1. Allumez le four, th. 3 (125 °C). Pelez les oignons et coupez-les en rondelles de 1 cm d'épaisseur. Salez et poivrez le rumsteck et piquez-le des clous de girofle.
2. Tapissez d'oignons le fond d'une cocotte en fonte de 4 litres. Posez l'aiguillette sur le lit d'oignons. Salez. Couvrez la cocotte et glissez-la au four. Laissez cuire pendant 5 heures, en retournant la viande une ou deux fois.
3. La cuisson terminée, retirez la cocotte du four. Dressez le rumsteck sur un plat de service et entourez-le de la moitié des oignons. Couvrez le plat d'une feuille d'aluminium ou gardez-le au chaud dans le four éteint.
4. Mixez le reste des oignons avec leur jus, très court, et versez la sauce obtenue dans une sauteuse antiadhésive de 24 cm de diamètre.
5. Faites cuire les spaghetti *al dente* à l'eau bouillante salée, puis égouttez-les et mettez-les dans la sauteuse. Mélangez 1 minute sur feu doux, puis versez-les dans un plat creux.
6. Servez la viande garnie d'oignons et les spaghetti à part. Saupoudrez les pâtes de parmesan et de poivre au moment de déguster, comme accompagnement de la viande, fondante, que vous servirez à la cuillère.

# CORIANDRE

*Coriandrum sativum*

Mauvaise herbe poussant dans les champs de céréales du Proche-Orient, la coriandre est l'une des plantes aromatiques les plus répandues au monde – c'est le « persil arabe » d'Afrique du Nord, le « persil chinois » de la cuisine orientale – et l'une des plus anciennement utilisées, en cuisine comme en médecine. Son nom vient du grec *koriandron*, qui signifie « punaise », sans doute à cause de l'« odeur de punaise écrasée » que les Anciens lui trouvèrent et du goût violent et entêtant de ses feuilles à l'aspect du persil plat à la base, et du fenouil à la cime, excellentes crues ou cuites. Elles embaument toutes les cuisines de la Méditerranée, celles de l'Inde et de l'Orient. Elles sont devenues indispensables à la cuisine d'Amérique centrale et du Sud, depuis que les conquistadores ont introduit la graine au Mexique. La racine, au goût encore plus intense que les feuilles, est utilisée en Asie, dans la préparation des curries.

Ses graines, délicieuses fraîchement cueillies sur la plante, se vendent sèches, entières ou en poudre ; leur goût rappelle la sauge et le zeste d'orange. Elles entrent dans la composition de nombreux mélanges d'épices (curry, ras-el-hanout) et sont utilisées entières, aussi bien dans les légumes dits « à la grecque » que dans l'élaboration du gin. L'Europe du Nord n'utilise que les graines, pour les conserves, les pains et les gâteaux.

Il faut distinguer les graines marocaines et les graines indiennes : les marocaines, petites et sombres, ont une saveur piquante ; les indiennes sont blondes, plus grosses et presque ovales, et sont douces et fruitées.

# Légumes
## *à la grecque*

*Pour 4-6 personnes.*
*Préparation : 20 minutes.*
*Cuisson : 15 minutes.*

24 PETITS OIGNONS FRAIS, 12 JEUNES CAROTTES
12 JEUNES NAVETS
12 FLEURETTES DE CHOU-FLEUR OU 6 MINI-CHOUX-FLEURS
1 POIVRON ROUGE, 1 CITRON NON TRAITÉ
2 CUILLÈRES À SOUPE DE GRAINES DE CORIANDRE
24 FEUILLES DE CORIANDRE, 2 DL DE VIN BLANC SEC
5 CUILLÈRES À SOUPE D'HUILE D'OLIVE
SEL, POIVRE

1. Pelez les légumes, rincez-les et égouttez-les. Coupez le poivron en larges lanières, en éliminant les graines et les filaments blancs. Rincez le citron et coupez-le en fines demi-rondelles.
2. Versez le vin, l'huile, les graines de coriandre, du sel et du poivre dans une sauteuse antiadhésive de 26 cm de diamètre. Ajoutez les demi-rondelles de citron. Portez à ébullition, puis ajoutez les carottes et les oignons. Laissez bouillir 5 minutes et incorporez les autres légumes. Laissez frémir 10 minutes à feu doux.
3. Au bout de ce temps, retirez du feu et laissez refroidir. Ajoutez les feuilles de coriandre, mélangez, puis réservez au réfrigérateur.

*– Servez ces légumes tels quels, en entrée ou comme éléments d'un hors-d'œuvre varié, ou en accompagnement de viandes, volailles ou poissons froids.*

# Riz à la coriandre

*Pour 4 personnes.*
*Préparation : 15 minutes.*
*Cuisson : 25 minutes.*

320 G DE RIZ LONG
2 GROS BOUQUETS DE CORIANDRE
1 OIGNON DE 100 G
1 PETITE GOUSSE D'AIL
2 CUILLÈRES À SOUPE D'HUILE D'OLIVE
25 G DE BEURRE
SEL

1. Pelez l'oignon et hachez-le menu. Pelez la gousse d'ail et hachez-la finement. Lavez les brins de coriandre et ciselez les feuilles.
2. Faites chauffer l'huile dans une cocotte en fonte de 23 cm de diamètre. Ajoutez le beurre et, dès qu'il est fondu, l'oignon, que vous laisserez blondir 3 minutes à feu doux. Ajoutez l'ail et la coriandre, puis laissez cuire 2 minutes. Versez le riz en remuant avec une spatule et faites-le blondir 2 minutes avant de le mouiller de 8 dl d'eau chaude, sans cesser de tourner. Salez.
3. Couvrez la cocotte et laissez cuire 20 minutes à feu très doux jusqu'à ce que l'eau se soit évaporée et que les grains de riz se détachent. Retirez du feu et servez pour accompagner viandes, poissons et crustacés.

*– Vous pouvez arroser ce riz, au moment de le servir, de quelques gouttes de jus de citron vert.*

# CURRY

Ce que nous appelons « curry », les Indiens l'appellent *massala*, c'est-à-dire « mélange ». Le curry est en effet un mélange parfumé dont la composition varie suivant le cuisinier ou la cuisinière, qui doit être un bon *massalachi*, un bon « mélangeur ». Les divers ingrédients – graines, cosses, tiges, feuilles, racines... – sont réduits en fine poudre, en pâte épaisse jaune, verte ou rouge, pilés dans un mortier ou écrasés sur une pierre plate. La composition, qui n'en est jamais révélée, devrait être plus ou moins celle-ci : cardamome, macis, noix muscade, piment de la Jamaïque, badiane, cannelle, coriandre, girofle, cumin, poivre noir, graines de moutarde, piment rouge, curcuma, fenugrec, gingembre, graines de pavot, assa-foetiola, safran, feuilles de curry, amande, noix de coco, etc. Pour révéler toute la richesse de leur saveur et de leur parfum, les épices sont choisies entières, puis sont grillées et pilées : le mélange est utilisé le jour même ou, au plus tard, huit jours après sa préparation.

Dans la région du Tamil Nadu, au sud de l'Inde, les curries ont toujours été additionnés de feuilles de curry très parfumées, au goût légèrement amer et citronné. Le terme s'est ensuite généralisé à tous les plats en sauce épicés originaires d'Inde.

Mais il existe un autre type de *massala*, comme le *garam massala*, plus ou moins piquant et fleuri, typique de la cuisine du nord de l'Inde, que l'on ajoute en fin de cuisson pour réveiller un plat, ou le *chat massala*, mélange blond, rafraîchissant et acidulé, dont on saupoudre les salades de légumes et de fruits frais.

Le curry n'est cependant pas l'apanage de l'Inde, dont le plus célèbre est le curry de Madras, l'un des plus riches en épices et des plus relevés. On en trouve dans toutes les cuisines asiatiques, notamment au Sri Lanka, proche voisin de l'Inde, où l'on prépare des mélanges sombres et très puissants, car les épices sont toujours dorées dans une poêle, à sec, avant d'être pilées ; en Thaïlande, où le piment, au rôle important, y est ajouté, de même que le *trasi*, pâte compacte faite de crevettes desséchées ; mais aussi en Malaisie, au Vietnam, en Chine et au Japon. Une autre région du monde se régale de curry : les Antilles. Les Cingalais venus y travailler au XIX^e^ siècle apportèrent leurs traditions culinaires, aussitôt adoptées par les Antillais. Ils baptisèrent *colombo*, du nom de la capitale de Ceylan, le mélange parfumé dans lequel cuisaient poissons, viandes et volailles.

# Curry d'agneau express

*Pour 3-4 personnes.*
*Préparation : 15 minutes.*
*Cuisson : 30 minutes.*

400 g d'agneau dégraissé et désossé : selle ou gigot
200 g d'oignons
1,5 dl de purée de tomates nature concentrée (7%)
1 dl de lait de coco, 1 gousse d'ail
2 cuillères à soupe de curry en poudre
1 cuillère à soupe d'huile d'arachide
Sel

1. Coupez la viande en lamelles de 1 x 2 cm et 3 mm d'épaisseur. Pelez la gousse d'ail et hachez-la finement. Pelez les oignons et émincez-les en lamelles de 1/2 cm d'épaisseur.
2. Faites chauffer l'huile dans une poêle antiadhésive de 28 cm de diamètre et ajoutez les oignons. Faites-les cuire 1 minute à feu modéré, en tournant avec une spatule, puis ajoutez l'ail et mélangez. Ajoutez les lamelles de viande, mélangez 1 minute puis saupoudrez de curry et de sel. Tournez 30 secondes, puis ajoutez la purée de tomates et le lait de coco. Mélangez.
3. Couvrez la poêle et laissez cuire 25 minutes, en tournant de temps en temps.
4. Au bout de ce temps, la viande est très tendre, enrobée d'une sauce courte et parfumée. Versez le curry dans un plat creux et servez aussitôt.

*– Accompagnez de riz, de fruits frais – rondelles de bananes, cubes de mangue ou d'ananas, quartiers de pamplemousse – et de chutneys divers.*

# Noix de pétoncles sautées, sauce curry

*Pour 4 personnes.*
*Préparation : 20 minutes.*
*Cuisson : 5 minutes.*

2 kg de pétoncles vivants
1 dl de yaourt au lait entier
1 dl de lait de coco ou de crème liquide
2 échalotes
1 pomme : reine des reinettes ou granny smith
2 cuillères à soupe de curry en poudre
2 pincées d'anis étoilé en poudre
1 citron vert non traité
6 brins de coriandre ciselés
20 g de beurre demi-sel

1. Décortiquez les pétoncles et gardez seulement les noix. Rincez-les bien et égouttez-les. Réservez 16 coquilles creuses. Pelez les échalotes et hachez-les menu.
2. Rincez le citron et râpez finement son zeste au-dessus d'un bol. Rincez la pomme et coupez-la en cubes de 1/2 cm, en éliminant le cœur. Incorporez les cubes de pomme dans le bol.
3. Faites fondre le beurre dans une poêle antiadhésive de 26 cm de diamètre posée sur feu vif. Jetez-y les noix de pétoncle et faites-les rapidement dorer, 1 minute 30, en les tournant sans cesse.
4. Retirez les pétoncles de la poêle avec une écumoire et réservez-les dans un plat creux. Ajoutez les échalotes dans la poêle et mélangez 2 minutes. Parsemez de curry et d'anis et laissez dorer 1 minute. Versez le yaourt et le lait de coco ou la crème. Laissez bouillir à feu vif 1 minute environ, afin que la sauce épaississe.
5. Remettez les pétoncles dans la poêle. Ajoutez les cubes de pommes avec leur marinade citronnée. Mélangez. Ajoutez la coriandre ciselée. Mélangez 10 secondes puis retirez du feu.
6. Répartissez les pétoncles et leur sauce dans les coquilles réservées et servez aussitôt. Dégustez à la cuillère.

# EAUX
## *de fleurs et de feuilles*

Les eaux de fleurs et de feuilles sont de simples distillations. Si la France apprécie depuis le Moyen Âge les eaux de fleurs en cuisine – en particulier l'eau de rose et l'eau de fleur d'oranger –, les Anglais nous firent découvrir au XVIIIe siècle l'eau de fleur de sureau. Ces parfums, peu à peu évanouis dans nos cuisines, restent très vivaces en Orient. Des Perses, qui avant l'ère chrétienne exportaient leur eau de rose jusqu'en Chine, les Iraniens ont hérité le goût pour cette eau fleurie qu'ils utilisent aussi bien dans les desserts que dans des plats salés, comme le riz par exemple. Les Turcs en parfument les loukoums et le café sucré au miel ; les pâtisseries orientales sont nappées de sirop parfumé à l'eau de rose. Les Indiens, eux, en parfument leurs boissons au yaourt, les *lassi*, les citronnades et les thés, les sirops qui nappent les desserts et les embaument, les puddings de lait – lait longuement réduit avec des épices comme le safran et la cardamome, puis additionné de pistaches et d'amandes.

L'eau de fleur d'oranger à la senteur fraîche, excellente dans les entremets de fruits, reste un grand classique des desserts de Provence : elle est indispensable dans les « navettes » que l'on croquait à Marseille pour la Chandeleur, et que l'on vend aujourd'hui toute l'année au Four des navettes, le plus vieux de la région, situé juste en face de la belle abbaye Saint-Victor ; dans le « gibassier », délicieuse galette de pâte levée sucrée que l'on préparait lors des fêtes de Noël, ou dans les gâteaux des rois comme on les prépare au sud de la Loire, en couronne briochée aux fruits confits.

Une autre fleur donne une eau exquise : la fleur d'hibiscus. Elle donne une boisson rose, fraîche et acidulée, véritablement nationale en Égypte, le *karkadé*. Simple infusion ou macération de fleurs séchées que l'on additionne de quelques gouttes de jus de citron et de sucre, elle est la plus limpide et désaltérante des eaux. Les Mexicains l'affectionnent également, sous le nom de « jamaïca ». Quant à l'eau de géranium, elle vient de la feuille du géranium odorant, qui se décline en dizaine de variétés de parfums, du citron à la menthe poivrée, en passant par la rose et l'encens. Les fleurs, elles, n'ont aucun parfum. Ce parfum vert et fleuri qui reste sur les doigts lorsqu'on froisse les feuilles fournit une essence précieuse pouvant parfumer très agréablement les crèmes, entremets, glaces et sorbets.

# Cerises en fine gelée d'hibiscus

## *et amandes fraîches*

*Pour 4 personnes.*
*Préparation et cuisson : 30 minutes.*
*Repos : 7 à 11 heures.*

600 G DE GROSSES CERISES CHARNUES
2 CUILLÈRES À SOUPE DE FLEURS D'HIBISCUS SÉCHÉES
24 AMANDES FRAÎCHES
3 FEUILLES DE GÉLATINE
125 G DE SUCRE SEMOULE
6 GOUTTES D'EXTRAIT NATUREL D'AMANDE AMÈRE

1. Rincez les fleurs d'hibiscus et mettez-les dans une terrine. Couvrez-les de 1/4 de litre d'eau froide et laissez infuser 6 à 8 heures.
2. Au bout de ce temps, faites ramollir les feuilles de gélatine dans de l'eau froide. Lavez les cerises, égouttez-les et piquez-les de quelques coups d'aiguille afin qu'elles n'éclatent pas à la cuisson.
3. Filtrez l'infusion de fleurs d'hibiscus au-dessus d'une grande casserole. Ajoutez le sucre et portez à ébullition.
4. Dès le début de l'ébullition, ajoutez les cerises et laissez-les cuire 2 minutes, en les tournant avec une écumoire. Égouttez les feuilles de gélatine et plongez-les dans le sirop bouillant : elles fondent aussitôt.
5. Versez les cerises et leur jus dans une jatte, ajoutez l'extrait d'amande amère et laissez refroidir. Mettez au réfrigérateur et laissez prendre en gelée, de 1 à 3 heures.
6. Au moment de servir, décortiquez les amandes, pelez-les et séparez-les en deux. Répartissez la gelée de cerises sur 4 assiettes et garnissez d'amandes.

# Brioches à la fleur d'oranger

*Pour 12 petites brioches.*
*Préparation : 30 minutes.*
*Repos : 1 heure 40.*
*Cuisson : 15 minutes.*

400 G DE FARINE DE BLÉ BLANCHE, TYPE 45
1 SACHET DE LEVURE DE BOULANGERIE LYOPHILISÉE (8 G)
4 CUILLÈRES À SOUPE D'EAU DE FLEUR D'ORANGER
4 CUILLÈRES À SOUPE DE LAIT TIÈDE
100 G DE BEURRE FONDU FROID
2 ŒUFS
100 G DE SUCRE SEMOULE
1/2 CUILLÈRE À CAFÉ DE SEL DE MER FIN

1. Mettez 1 cuillère à soupe de sucre dans un verre de 2 dl de contenance. Ajoutez 4 cuillères à soupe d'eau tiède et remuez avec une petite cuillère afin que le sucre fonde. Versez ensuite la levure en pluie, mélangez, et laissez gonfler dans un endroit tiède, sans y toucher, pendant 10 minutes environ : la levure doit atteindre le bord du verre.
2. Au bout de ce temps, tamisez la farine sur le plan de travail. Saupoudrez-la du reste de sucre et du sel, puis mélangez. Creusez un puits au centre, cassez-y les œufs et ajoutez le beurre. Remuez la levure contenue dans le verre à la petite cuillère et versez-la dans le puits, avec le lait tiède et la moitié de l'eau de fleur d'oranger.
3. Du bout des doigts et en un mouvement vif partant du centre vers l'extérieur, mélangez tous les éléments puis roulez la pâte en boule et travaillez-la de la manière suivante : poussez-la loin devant vous puis pliez-la vers vous et faites-lui faire un quart de tour sur elle-même dans le sens inverse des aiguilles d'une montre. Recommencez l'opération et continuez de travailler ainsi la pâte pendant 5 à 6 minutes environ, jusqu'à ce qu'elle soit lisse et élastique.
4. Mettez alors la pâte dans une grande terrine légèrement farinée, et couvrez-la d'un linge. Laissez-la reposer dans un endroit tiède, à l'abri des courants d'air, pendant environ 1 heure 30 : elle doit doubler de volume.
5. Au bout de ce temps, retirez le linge qui recouvre la pâte. Faites-la retomber en la tapotant du bout des doigts et mettez-la sur le plan de travail. Travaillez-la 2 à 3 minutes comme la première fois, puis divisez-la en 12 parts égales. Roulez ces morceaux de pâte entre vos mains puis posez les petites boules obtenues, côté plissé en dessous, sur une plaque antiadhésive, en les espaçant de 5 cm, ou moulez-les dans des moules à brioches. Laissez-les tels quels ou incisez-les transversalement ou en croix, avec la pointe d'un couteau. Couvrez la plaque d'un linge et laissez lever 10 minutes, dans un endroit tiède.
6. Allumez le four, th. 6 (200 °C). Dès qu'il est chaud, retirez le linge qui recouvre les brioches – elles sont toutes rondes et bien gonflées – et glissez la plaque au four. Laissez cuire pendant 15 minutes puis retirez du four. Aspergez les brioches du reste d'eau de fleur d'oranger et laissez-les refroidir sur une grille.

# ÉCHALOTES

*Allium cepa ascalinicum/Allium cepa aggregatum*

Cousine de l'ail et de l'oignon, l'échalote fait partie, comme eux, des ingrédients de base de notre cuisine : entière dans les fonds et les bouillons, hachée dans les vinaigrettes ou pour parfumer huiles ou vinaigres, confite autour d'une viande...

Deux grandes familles d'échalotes sont cultivées en France, premier pays producteur et exportateur mondial : l'échalote grise et l'échalote rose. La grise, à la chair blanc violacé et à la saveur très fine, présente un petit bulbe allongé couvert d'une épaisse peau grise. La rose, dite aussi « échalote de Jersey », se divise en trois sortes : l'échalote longue, aux longs bulbes jaune cuivré ou violets et à la saveur très marquée ; l'échalote demi-longue, rose cuivrée ou rouge, très fruitée ; et l'échalote ronde, cuivrée et très douce.

Distinguer l'échalote de l'oignon est simple : l'échalote se multiplie par voie végétative, à partir d'un bulbe plant, alors que l'oignon est une graine que l'on plante. Le résultat : l'oignon est unique alors que l'échalote se présente en touffe de dix bulbes collés les uns aux autres, de formes irrégulières, marqués d'une « cicatrice » à l'endroit où les échalotes sont détachées les unes des autres. Enfin, lorsque vous coupez un oignon en deux par le centre, la coupe est symétrique, alors que celle de l'échalote est asymétrique, montrant de nombreux bourgeons qui pourront donner naissance à d'autres échalotes...

Dès le début du printemps apparaissent sur nos marchés de petites bottes d'échalotes fraîches aux tendres feuilles vertes : elles sont exquises, légèrement piquantes, à croquer entières, feuilles vertes comprises, avec de la fleur de sel et des tartines beurrées, ou délicieuses hachées dans les salades... Plus la saison avance, plus elles grossissent, se radoucissent, deviennent d'excellents condiments, se confisent dans de l'huile ou de la graisse d'oie, pour accompagner viandes et poissons, se rôtissent entières au four ou mijotent dans du vin rouge. Quant aux échalotes d'hiver, séchées par simple ventilation et bien stockées, elle restent saines jusqu'à la saison suivante.

# Échalotes confites au cassis

*Pour 4 personnes.*
*Préparation : 5 minutes. Cuisson : 1 heure.*

16 GROSSES ÉCHALOTES ROSES
2 DL DE VIN ROUGE : SYRAH, CABERNET-SAUVIGNON
1 CUILLÈRE À SOUPE DE VINAIGRE DE VIN VIEUX
2 CUILLÈRES À SOUPE DE SIROP OU DE CRÈME DE CASSIS
1 CUILLÈRE À SOUPE DE SUCRE SEMOULE
4 PINCÉES DE CANNELLE EN POUDRE
2 PINCÉES DE CLOU DE GIROFLE EN POUDRE
2 CUILLÈRES À SOUPE D'HUILE D'ARACHIDE
SEL, POIVRE

1. Pelez les échalotes et laissez-les entières.
2. Faites chauffer l'huile dans une cocotte en fonte pouvant contenir les échalotes en une seule couche. Ajoutez-les. Mélangez 2 minutes sur feu doux, jusqu'à ce qu'elles soient blondes. Ajoutez le sucre et laissez-les caraméliser 2 minutes, en remuant sans cesse. Versez le vinaigre et laissez-le s'évaporer.
3. Versez le sirop ou la crème de cassis et le vin dans la cocotte. Ajoutez le sel, le poivre, la cannelle et le girofle. Laissez cuire 1 heure à feu très doux et à couvert, en retournant les échalotes de temps en temps.
4. Au bout de ce temps, le liquide s'est évaporé et les échalotes sont véritablement confites et très parfumées.

*– Servez ces échalotes chaudes, tièdes ou froides, avec des volailles ou des viandes grillées, rôties ou sautées, des poissons grillés (thon, maquereaux, sardines), des terrines ou des viandes froides.*

# Jarret de veau aux échalotes roses

*Pour 3 personnes.*
*Préparation : 1 heure.*
*Cuisson : 3 heures.*

1 JARRET DE VEAU ARRIÈRE DE 1,5 KG
AVEC OS, PLUS UN OS DE CROSSE
12 GROSSES ÉCHALOTES ROSES FRAÎCHES
2 DL DE VIN JAUNE DE SAVOIE
2 CUILLÈRES À SOUPE DE GROS SEL DE MER
1 CUILLÈRE À SOUPE DE POIVRE MIGNONNETTE
5 CLOUS DE GIROFLE
1 CUILLÈRE À SOUPE D'HUILE D'ARACHIDE

1. Rincez le jarret et l'os et roulez-les dans le gros sel. Laissez-les macérer 1 heure à température ambiante.
2. Pendant ce temps, pelez les échalotes et coupez la tige au ras du bulbe. Rincez-les et épongez-les.
3. Au bout d'1 heure, rincez le jarret et l'os, épongez le jarret, huilez-le et couchez-le dans une cocotte en fonte ovale de 29 cm. Parsemez-le de poivre mignonnette et de clous de girofle. Entourez-le d'échalotes et versez le vin. Mettez l'os de crosse à côté du jarret : il donnera un jus nappant et parfumé. Couvrez la cocotte.
4. Allumez le four, th. 3 (125 °C). Glissez la cocotte au four et laissez cuire 3 heures sans y toucher.
5. Lorsque le jarret est cuit, il est, ainsi que les échalotes, tout doré et fondant. Servez chaud.

*– Les échalotes roses peuvent être remplacées par de gros oignons doux Saint-André (750 g), coupés en rondelles de 1 cm d'épaisseur.*

# ESSENCES
## *de fruits et de plantes*

Fruits, plantes et écorces donnent des essences, des extraits naturels et des huiles essentielles, au goût très concentré, qu'il faut savoir utiliser avec modération. Si l'amande amère et la vanille sont très connues, il faut citer les essences de fruits, aussi banales que la poire ou la fraise, ou aussi exotiques que l'ananas ou la banane. Mais les essences les plus surprenantes sont sans doute celles des fleurs comme l'ylang-ylang, le tilleul, le jasmin ou la rose, des plantes comme le baquois, ou des bois de santal ou de sassafras.

Les fleurs de l'ylang-ylang, grand arbre natif des Philippines, donnent une huile puissante au goût amer, utilisée dans les boissons et les entremets. Tout comme l'essence de sassafras, tirée de son écorce, de sa racine et de ses feuilles. Les larges feuilles plates du baquois (*Pandanus amaryllifolius*) sont à la fois colorant et arôme en Malaisie et en Indonésie, où elles sont ajoutées, fraîches ou sèches, lors de la cuisson des mets. Quant aux boutons floraux du *Pandanus odorantissimus*, il donne l'essence de *kewra*, l'un des principaux parfums des desserts indiens et sri lankais, mais aussi des plats à base de riz. Le santal, lui, est une essence rafraîchissante pour la saison chaude en Inde, mélangée à des sirops et servie comme boissons et glaces.

# Gelée de fruits d'été au lait d'amande

*Pour 4-6 personnes.*
*Préparation : 20 minutes, 8 à 24 heures à l'avance.*

200 G DE FRAISES DES BOIS, 200 G DE FRAMBOISES
200 G DE PÊCHES JAUNES OU BLANCHES
3 CUILLÈRES À SOUPE DE CRÈME DE CASSIS
OU DE FRAMBOISES, OU DE LIQUEUR DE FRAISES DES BOIS
2 CUILLÈRES À SOUPE DE JUS DE CITRON
8 FEUILLES DE GÉLATINE, 80 G DE SUCRE SEMOULE
**Pour le lait d'amande :**
3,5 DL DE LAIT, 5 CL DE CRÈME LIQUIDE
1 À 2 CUILLÈRES À SOUPE
D'EXTRAIT NATUREL D'AMANDE AMÈRE
1,5 CUILLÈRE À SOUPE D'ARROW-ROOT (FÉCULE)

1. Faites ramollir les feuilles de gélatine 5 minutes à l'eau froide. Versez 1 dl d'eau dans une casserole et ajoutez le sucre, le jus de citron et la crème de cassis. Ajoutez les framboises et portez à ébullition en écrasant les fruits à la spatule. Retirez du feu et ajoutez les feuilles de gélatine après les avoir égouttées. Laissez refroidir.
2. Pelez les pêches et coupez-les en dés. Ajoutez-les dans la casserole avec les fraises des bois et mélangez délicatement. Versez la préparation dans la terrine, couvrez et réservez au réfrigérateur. Laissez prendre 8 à 24 heures.
3. Préparez le lait d'amande : mélangez tous les éléments dans une casserole et portez à ébullition. Laissez bouillir 3 minutes, en tournant sans cesse au fouet. Laissez refroidir et réservez au réfrigérateur.
4. Au moment de servir, trempez le moule 20 secondes dans de l'eau chaude avant de démouler la gelée de fruits sur un plat. Servez-la coupée en tranches. Nappez de lait d'amande.

# Abricots caramélisés au miel et au tilleul

*Pour 4 personnes.*
*Préparation : 15 minutes.*
*Cuisson : 5 minutes.*

16 ABRICOTS MÛRS MAIS FERMES
60 G DE MIEL DE TILLEUL
6 GOUTTES D'ESSENCE DE TILLEUL
2 PINCÉES DE CANNELLE OU DE VANILLE EN POUDRE
1 CUILLÈRE À CAFÉ DE JUS DE CITRON

1. Rincez les abricots, épongez-les, coupez-les en deux et retirez les noyaux.
2. Versez le miel dans une poêle antiadhésive de 28 cm de diamètre avec la cannelle ou la vanille. Ajoutez les abricots et faites-les cuire 3 minutes à feu vif, en les mélangeant, jusqu'à ce qu'ils caramélisent légèrement.
3. Ajoutez le jus de citron et l'essence de tilleul, puis mélangez. Servez chaud.

*– Ces abricots sont excellents avec une glace au yaourt, aux calissons, à la cannelle ou au nougat, et des fruits rouges et noirs : framboises, fraises des bois, myrtilles, cassis...*

# FINES HERBES

En été, poussant à loisir en plein champ, dans les jardins et sur les balcons, exubérantes et toniques, les herbes qu'on appelle fines, à l'instar des perles rares, apportent à la cuisine l'indispensable et désaltérante fraîcheur : persil, ciboulette, menthe, cerfeuil, estragon... Elles peuvent se mélanger avec bonheur, entre elles ou avec d'autres parfums, comme la menthe avec la coriandre ; l'estragon avec l'aneth et le cerfeuil, toutes les trois délicatement anisées ; le basilic avec l'origan...

Le persil est sans conteste, chez nous, la plus célèbre de ces fines herbes. Frisé, il est excellent très jeune et très frais, délicatement ciselé, en note fraîche sur une viande ou un poisson, ou plongé dans une friture pour devenir un véritable légume croustillant. Le persil plat, au goût plus soutenu, supporte les cuissons, mais fait surtout merveille dans une salade d'herbes, en brins simplement effeuillés.

La ciboulette, souvent surnommée « fines herbes » à elle seule, appartient à la même famille que l'oignon dont elle a le goût, avec une touche plus subtile et plus rafraîchissante. Ses tiges doivent être coupées aux ciseaux, en tronçons plus ou moins longs. Si elles portent de jolies fleurs mauves, garnissez-en vos plats ou vos salades : elles sont exquises à croquer. L'estragon et le cerfeuil, aux délicates saveurs anisées, font merveille avec les poissons et les fruits de mer, les viandes blanches et les volailles.

L'un des parfums les plus évocateurs de l'estival bonheur de la table est celui du basilic, qui triomphe dans le pistou – dont les Génois se disent les inventeurs – s'alliant avec bonheur à l'ail et à l'huile d'olive. Il compte aujourd'hui plus de vingt variétés, dont le basilic « compact », dit aussi « touffu » ou « fin vert », plante toute ronde et très fournie aux petites feuilles pointues et au bouquet complexe, capiteux et légèrement piquant ; le basilic « grand vert », au parfum rustique et doux évoquant celui de l'œillet ; le basilic « laitue », ainsi nommé à cause ses larges feuilles à la saveur discrète et légèrement citronnée. Le dernier-né des basilics s'appelle « opale » : ses feuilles violettes et ses fleurs roses s'harmonisent très bien avec les couleurs des légumes d'été. Exhalant d'enivrants arômes d'épices exotiques, il se marie très bien aux curries. Quant au basilic thaï, aux feuilles longues et pointues, légèrement piquant et poivré, il fait merveille dans les salades de crevettes et de bœuf.

La menthe apporte avant tout la fraîcheur. Parmi les innombrables variétés, les plus délicieuses sont la menthe verte et la menthe poivrée, la première dans les assiettes, la seconde dans le thé. Quant aux nombreux hybrides au goût de citron, de gingembre, de bergamote, de pomme ou d'ananas, ils sont la providence des parfumeurs. La menthe – et cela se retrouve au Maroc, en Inde, au Mexique et en Chine – se marie dans de nombreux plats à la coriandre. Leurs saveurs mêlées distillent un parfum exotique commun à ces pays, et rafraîchissent les plats épicés (curries et tajines par exemple) comportant du gingembre, du cumin, de l'ail, de l'oignon, du piment, des zestes et du jus de citron.

# Salade d'herbes et de feuilles

*Pour 4 personnes. Préparation : 20 minutes.*

200 g de mesclun
1 cœur de salade rouge : trévise ou chioggia
1 bouquet de ciboulette, 12 brins de cerfeuil
12 petites feuilles de sauge fraîche
24 jeunes feuilles d'estragon
24 petites feuilles de basilic
12 petites feuilles de menthe
12 petites feuilles de mélisse
2 brins de marjolaine fraîche
2 brins d'aneth, 2 brins de coriandre
1 cuillère à café de vinaigre de xérès
1 cuillère à soupe de vinaigre de vin vieux
4 cuillères à soupe d'huile d'olive fruitée, sel, poivre

1. Rincez le mesclun et essorez-le. Lavez la salade rouge, essorez-la et coupez-la en chiffonnade. Effeuillez les brins d'herbes sauf le cerfeuil et laissez entières toutes les feuilles. Coupez la ciboulette en bâtonnets de 3 cm.
2. Mettez les salades et toutes les herbes dans un saladier.
3. Émulsionnez l'huile et les vinaigres dans un bol avec le sel et le poivre. Versez cette vinaigrette dans le saladier et mélangez longuement. Servez.

*– Cette salade peut être dégustée en entrée telle quelle ou additionnée d'amandes effilées ou de pignons grillés, ou encore de copeaux de parmesan frais. Vous pouvez y ajouter une truffe râpée. Elle peut aussi accompagner tous les plats de viandes ou de poissons.*

# Sardines farcies aux raisins

*et aux pignons*

*Pour 4 personnes.*
*Préparation : 45 minutes.*
*Cuisson : 25 minutes.*

12 grosses sardines fraîches
6 brins de menthe
30 g de pignons
30 g de raisins de Corinthe
80 g de mie de pain de mie
4 cuillères à soupe de jus d'orange
1 cuillère à soupe de vinaigre de vin blanc
1 petit oignon
1/2 cuillère à café de piment doux en poudre
3 pincées de sucre semoule
3 cuillères à soupe d'huile d'olive
Sel, poivre

1. Demandez à votre poissonnier d'écailler les sardines, de les vider en retirant la tête et l'arête centrale sans détacher les deux filets. Rincez-les et épongez-les. Salez-les et poivrez-les sur les deux faces.
2. Préparez la farce : pelez l'oignon et hachez-le menu. Réduisez la mie de pain en grosse semoule, au robot. Rincez les feuilles de menthe et ciselez-les.
3. Faites chauffer la moitié de l'huile dans une poêle antiadhésive de 22 cm de diamètre et faites-y blondir l'oignon pendant 2 minutes, en remuant sans cesse. Ajoutez les pignons et mélangez encore 2 minutes. Ajoutez le pain, le sucre, le piment, du sel et du poivre et remuez encore 1 minute. Retirez du feu, mouillez de jus d'orange et de vinaigre, et versez le mélange dans une terrine. Ajoutez les raisins et la menthe et mélangez une dernière fois.
4. Allumez le four, th. 8 (250 °C). Huilez légèrement un plat à four de 26 x 18 cm. Posez les sardines une à une côté peau sur une planche. Déposez 1/12e de la farce du côté de la tête en la pressant entre les paumes de vos mains. Roulez les sardines, de la tête vers la queue, sans serrer. Rangez-les au fur et à mesure dans le plat.
5. Nappez les sardines du reste d'huile. Glissez le plat au four et laissez cuire 25 minutes. Servez ces sardines chaudes, tièdes ou froides.

# Spaghetti
*aux coques persillées*

*Pour 3-4 personnes.*
*Préparation : 20 minutes. Cuisson : 10 minutes.*

300 G DE SPAGHETTI, 2 KG DE COQUES
20 TOMATES CERISES
4 CUILLÈRES À SOUPE DE PERSIL PLAT CISELÉ
4 PINCÉES DE FLOCONS D'ORIGAN
1 PIMENT OISEAU, 1 GOUSSE D'AIL NOUVEAU
4 CUILLÈRES À SOUPE D'HUILE D'OLIVE TRÈS FRUITÉE
SEL, POIVRE

1. Lavez les coques dans plusieurs eaux, jusqu'à ce que la dernière soit limpide.
2. Mettez les coques dans une cocotte en fonte. Posez-la sur feu vif et laissez cuire jusqu'à ce que tous les coquillages s'ouvrent. Retirez alors la cocotte du feu et versez les coquillages dans une passoire, au-dessus d'une terrine. Éliminez les coquilles vides ou fermées. Réservez quelques coques en coquille pour la décoration.
3. Versez le jus des coquillages dans une casserole, en le filtrant. Ajoutez 2 cuillères à soupe d'huile et le piment émietté. Faites réduire le liquide à 1,5 dl puis versez-le dans une sauteuse de 26 cm de diamètre. Ajoutez les tomates et mélangez.
4. Pelez la gousse d'ail et hachez-la finement. Mettez-la dans un bol avec le reste d'huile, l'origan, le persil ciselé et un peu de poivre.
5. Faites cuire les spaghetti *al dente* à l'eau bouillante salée.
6. Posez la sauteuse sur feu vif. Égouttez les spaghetti et mettez-les dans la sauteuse. Mélangez 10 secondes sur feu vif puis ajoutez les coques et mélangez encore 20 secondes. Retirez la sauteuse du feu, ajoutez le mélange huile-ail-persil-origan. Tournez délicatement et servez aussitôt.

# Tagliolini au pistou
*à la génoise*

*Pour 6 personnes.*
*Préparation : 10 minutes. Cuisson : 20 minutes.*

500 G DE TRÈS FINES TAGLIATELLE, DITES « TAGLIOLINI »
250 G DE POMMES DE TERRE, 250 G DE HARICOTS VERTS FINS
100 G DE FEUILLES DE BASILIC FRAIS
3 GOUSSES D'AIL NOUVEAU, 40 G DE PIGNONS
50 G DE PECORINO FINEMENT ET FRAÎCHEMENT RÂPÉ
50 G DE PARMESAN FINEMENT ET FRAÎCHEMENT RÂPÉ
1,5 DL D'HUILE D'OLIVE, 25 G DE BEURRE, SEL, POIVRE

1. Pelez les gousses d'ail, coupez-les en 4 et mettez-les dans le bol d'un mixeur. Ajoutez-y les pignons, le pecorino, le sel, le poivre et l'huile.
2. Rincez les feuilles de basilic et épongez-les. Ajoutez-les dans le bol et mixez pendant 2 minutes, jusqu'à ce que vous obteniez une purée vert vif : le pistou.
3. Pelez les pommes de terre et coupez-les en cubes de 2 cm de côté. Effilez les haricots, rincez-les et égouttez-les.
4. Versez 5 litres d'eau dans une grande marmite et salez-la. Plongez-y les pommes de terre et laissez cuire 10 minutes. Ajoutez alors les haricots verts et laissez cuire 7 minutes. Ajoutez enfin les tagliolini et faites cuire encore 2 à 3 minutes, jusqu'à ce que les pâtes soient *al dente*.
5. Égouttez les tagliolini et les légumes en réservant 1 dl de leur eau de cuisson dans un plat creux. Faites glisser les pâtes dans le plat, ajoutez le beurre et le pistou, et mélangez bien avec deux fourchettes. Servez aussitôt. Accompagnez de parmesan râpé servi à part.

*– Les pignons peuvent être remplacés par des noix. Vous pouvez préparer ainsi d'autres types de pâtes, fraîches ou sèches : spaghetti alla chitarra, trenette, linguine.*

# GENIÈVRE

*Juniperus communis*

Les baies de genièvre, jolies baies rondes et violet sombre, proviennent d'un conifère de la famille du cyprès, qui pousse dans le nord de l'Europe et de l'Amérique. Après la pollinisation des fleurs des arbustes femelles, les graines s'enrobent d'une gaine protectrice. Celles-ci sont cueillies en automne et séchées à une température inférieure à 35 °C afin de conserver leur huile essentielle, source de leur arôme. Écrasées entre les doigts, elles dégagent un parfum doux-amer, légèrement résineux, piquant sous la langue. Les grives en sont friandes, bien plus que les merles, mais celles-ci étant plus rares, la sagesse populaire a dicté : « Faute de grives, on mange des merles. »

Les baies de genièvre font merveille dans les marinades de viande ou de gibier, les terrines, les daubes et les civets, les sauces au vin, les foies de volailles... Elles entrent dans la composition du gin et sont connues pour leur vertus diurétiques et anti-inflammatoires. Elles doivent être utilisées fraîches, lorsque leur pulpe est encore moelleuse.

## Lapin à la bière et au genièvre

*Pour 4 personnes.*
*Préparation : 15 minutes.*
*Cuisson : 1 heure.*

1 LAPIN DE 1,5 KG, COUPÉ EN 8 MORCEAUX
125 G DE TRÈS FINES TRANCHES DE POITRINE FUMÉE
1 CUILLÈRE À SOUPE DE BAIES DE GENIÈVRE
1/2 LITRE DE BIÈRE BLONDE
12 GOUSSES D'AIL NOUVEAU
2 BRINS DE ROMARIN
6 FEUILLES DE LAURIER
1 NOIX DE BEURRE
SEL, POIVRE

1. Allumez le four, th. 8 (250 °C). Beurrez un plat à four de 32 x 22 cm. Pelez les gousses d'ail en leur laissant leur dernière peau. Coupez chaque tranche de poitrine en 4 morceaux.
2. Rangez les morceaux de lapin dans un plat. Salez-les et poivrez-les. Intercalez le lard, le laurier, l'ail, le romarin et le genièvre entre les morceaux de lapin. Arrosez de bière.
3. Lorsque le four est chaud, glissez-y le plat. Laissez cuire 20 minutes, puis retournez les morceaux. Laissez cuire 20 minutes en les retournant encore deux fois, puis 20 dernières minutes, en les retournant toutes les 5 minutes.
4. À la fin de la cuisson, les morceaux de lapin sont caramélisés, enrobés d'un jus court et parfumé. Servez chaud dans le plat de cuisson.

# Mousse de foies de volaille

*aux raisins et aux pommes dorées*

*Pour 6 personnes.*
*Préparation : 30 minutes.*
*Cuisson : 10 minutes.*

750 G DE FOIES DE VOLAILLE
3 CUILLÈRES À SOUPE DE RAISINS SECS SANS PÉPINS
1 GROSSE POMME DE 250 G : GOLDEN, JONAGOLD, GALA, REINE DES REINETTES
1 CUILLÈRE À SOUPE DE BAIES DE GENIÈVRE
3 CUILLÈRES À SOUPE D'EAU-DE-VIE DE GENIÈVRE OU DE GIN
3 ÉCHALOTES
75 G DE BEURRE
3 CUILLÈRES À SOUPE D'HUILE D'ARACHIDE
8 PINCÉES DE NOIX MUSCADE
SEL, POIVRE

1. Faites chauffer 2 cuillères à soupe d'eau-de-vie dans une petite casserole et ajoutez les raisins. Retirez du feu.
2. Pelez les échalotes et hachez-les menu. Nettoyez les foies de volaille. Rincez-les. Épongez-les.
3. Versez 2 cuillères à soupe d'huile dans une poêle antiadhésive de 26 cm de diamètre. Faites-y blondir légèrement les échalotes puis ajoutez les foies de volaille et les baies de genièvre. Faites-les cuire à feu doux sans les faire dorer : ils doivent être juste légèrement rosés à l'intérieur. Salez et poivrez pendant la cuisson. Égouttez dans une passoire.
4. Pelez la pomme et coupez-la en cubes de 1 cm. Faites chauffer le reste d'huile dans une poêle antiadhésive de 22 cm de diamètre. Faites-y blondir les cubes de pommes à feu très doux, jusqu'à ce qu'ils soient dorés. Arrosez du reste d'eau-de-vie, flambez, et égouttez les cubes de pommes dans une passoire.
5. Mettez les foies de volaille et les baies de genièvre dans le bol d'un robot. Ajoutez le beurre, du sel, du poivre et la noix muscade. Mixez jusqu'à obtention d'une fine purée. Versez-la dans un saladier, ajoutez les raisins et les cubes de pomme, puis mélangez délicatement.
6. Versez la préparation dans une terrine ou une coupe. Couvrez et réservez au réfrigérateur 1 heure au moins.

*– Dégustez avec des tranches de pain de campagne grillées.*

*– Vous pouvez préparer cette mousse la veille.*

# GINGEMBRE

*Zingiber officinale*

La silhouette d'une cactée, une fine peau jaune paille : tel est le rhizome du gingembre, ce tubercule né en Asie où il est cultivé depuis plus de 3 000 ans. Marco Polo fut sans doute le premier Européen à découvrir sa saveur piquante et fruitée. Les gros rhizomes frais ont été récoltés cinq à six mois après leur plantation ; ils sont juste séchés deux ou trois jours. Les rhizomes secs sont récoltés huit à dix mois après leur plantation ; plus fibreux et piquants, ils sont ébouillantés avant d'être séchés.

Cassez un rhizome frais entre vos doigts, pelez-le, coupez-le en bâtonnets ou râpez-le sur une râpe spéciale en bambou ou en métal pour l'ajouter dans les curries, les tajines, les marinades, les vinaigrettes, les sauces, les farces, les entremets, les pâtisseries, les confitures, etc. Le gingembre frais se conserve longtemps à température ambiante ; il se desséchera petit à petit et lorsqu'il bourgeonnera, cassez les petites pousses tendres, rondes et croquantes. Elles sont délicieuses, en fines lamelles, crues dans les salades et les compotes de fruits.

Sec, le gingembre devient piquant et il a, pour cette raison, souvent remplacé le poivre ; il parfume nages, bouillons et pot-au-feu. En poudre, bien moins parfumé, il est facile à incorporer dans les pâtes à gâteaux et à biscuits comme celle du biscuit de Savoie, et les pâtes sablées et brisées comme celles des « speculos » ou des « gingerbread men »... Confit, le gingembre est une exquise friandise que l'on croque en fin de repas, mais que l'on peut ajouter, tel un fruit confit, dans des cakes ou des gâteaux au chocolat. Au Japon, on le consomme aussi mariné au vinaigre, en fines lamelles : c'est le délicieux *gari* que l'on croque entre chaque bouchée de sushi.

Son cousin, le galanga, se divise en deux groupes : le grand galanga, *Alpinia galanga*, et le petit galanga, *Alpinus officinarum*. Le premier, à la saveur poivrée et légèrement acide, vient d'Indonésie ; le second, plus proche du gingembre, vient de Chine et rappelle la résine et l'eucalyptus. Comme le gingembre, les galangas sont des rhizomes à la peau veinée de rouge qui se vendent frais, séchés en tranches, en fragments secs ou en poudre.

Quant au curcuma, *Curcuma longa*, il appartient lui aussi à la famille du gingembre. Sa peau brun clair cache une chair orange vif au goût frais et poivré, au parfum d'orange, piquant et astringent, indispensable dans la composition des curries. Il est surtout connu comme un excellent colorant jaune d'or.

# Kakuni

*Préparation : 10 minutes. Macération : 30 minutes.*
*Cuisson : 2 heures, 12 heures à l'avance.*

1 tranche de thon de 1 kg
2 cuillères à soupe de sucre semoule
1 dl de sauce de soja japonaise
1,5 dl de vin muscat : beaumes-de-venise
60 g de gingembre frais
1 cuillère à café de sel de mer fin

1. La tranche de thon doit être coupée dans le poisson après la partie ventrale. Retirez-en la peau, l'arête centrale et les parties brunes qui l'entourent : vous obtenez ainsi 4 triangles de chair de thon bien parés. Coupez-les en cubes de 1,5 cm. Lavez-les, épongez-les et saupoudrez-les de sel fin. Mettez-les dans une passoire et laissez-les macérer 30 minutes.
2. Au bout de ce temps, faites bouillir de l'eau dans une grande casserole. Plongez-y les cubes de thon et laissez-les cuire 2 minutes. Égouttez-les dans la passoire, rincez-les sous l'eau courante et égouttez-les à nouveau.
3. Pelez le gingembre et râpez-le dans une râpe cylindrique munie de la grille fine, au-dessus d'une cocotte en fonte de 4 litres. Ajoutez le sucre, la sauce de soja et le muscat. Mélangez. Posez la cocotte sur un feu vif et portez à ébullition.
4. Ajoutez les morceaux de thon dans la cocotte et baissez le feu. Faites cuire 2 heures, à feu très doux et à couvert, en tournant délicatement toutes les 30 minutes.

*– Vous pouvez déguster ce thon aussitôt, mais il est meilleur réchauffé, et encore meilleur froid.*
*– Cette préparation japonaise se fait aussi avec du bœuf à braiser qui, après 2 heures de cuisson, devient tendre et s'effiloche.*
*– Vous pouvez conserver le kakuni, de thon ou de bœuf, 48 heures au réfrigérateur.*

# Mousse au chocolat, au gingembre confit

*Pour 6 personnes.*
*Préparation : 20 minutes, 24 heures à l'avance*

300 G DE CHOCOLAT
DE COUVERTURE NOIR AMER
50 G DE GINGEMBRE CONFIT
2 DL DE CRÈME LIQUIDE
2 BLANCS D'ŒUFS
2 CUILLÈRES À CAFÉ DE SUCRE SEMOULE
1 CUILLÈRE À SOUPE DE RHUM AMBRÉ

1. Rincez le gingembre pour éliminer tout le sucre, puis épongez-le et coupez-le en dés de 1 mm. Mettez-les dans un bol et ajoutez le rhum.
2. Mettez la moitié de la crème dans une terrine, ajoutez le chocolat cassé en petits morceaux et glissez au four à micro-ondes. Laissez fondre le chocolat 4 minutes à 100 %, puis lissez le tout à la spatule. Vous pouvez aussi faire bouillir la crème et ajouter le chocolat en petits morceaux ; laissez reposer puis lissez à la spatule.
3. Fouettez le reste de crème jusqu'à ce qu'elle forme des pics entre les branches du fouet. Battez les blancs d'œufs en neige ferme puis incorporez le sucre sans cesser de battre, jusqu'à ce que les blancs soient lisses et brillants, meringués. Mélangez délicatement la crème fouettée et les blancs en neige, en soulevant la masse.
4. Incorporez 3 cuillères à soupe du mélange blancs-crème au contenu de la terrine, en tournant vivement. Puis versez le contenu de la terrine sur le mélange blancs-crème et mélangez délicatement, en soulevant la préparation avec une spatule souple. Incorporez en même temps le gingembre et le rhum.
5. Glissez la mousse au réfrigérateur et laissez-la reposer 24 heures avant de la servir dans des coupes ou des tuiles.

*– Pour réaliser les tuiles au gingembre frais, faites fondre 50 g de beurre dans une petite casserole et mélangez-y 50 g de miel d'acacia. Hors du feu, incorporez 25 g de gingembre frais râpé, 50 g de sucre et 50 g de farine en la tamisant. Laissez reposer la pâte 2 heures au moins au réfrigérateur. Étalez de fins disques de pâte sur une plaque à pâtisserie légèrement beurrée, et faites-les cuire au four préchauffé, th. 5 (175 °C), 6 minutes : les tuiles sont blondes et aérées. Laissez-les reposer 1 minute puis retirez-les de la plaque avec une spatule souple et donnez-leur la forme de votre choix en les moulant dans des bols ou en les posant à cheval sur un rouleau. Laissez-les refroidir avant de les garnir de mousse.*

# LAURIER

*Laurus nobilis*

Originaire d'Asie Mineure, le laurier, arbuste appartenant à la même famille que le camphre et la cannelle, peut atteindre des tailles imposantes. Il s'est parfaitement bien acclimaté chez nous, aussi à l'aise en Provence qu'en Bretagne. Ses fleurs beige-jaune sont butinées par les abeilles qui en font un miel velouté ; quant à ses feuilles vert sombre, elles couronnaient dans l'Antiquité gréco-romaine la tête des vainqueurs, athlètes ou guerriers. Certains poètes recevaient aussi cet honneur, et le mot baccalauréat ne vient-il pas du latin *bacca laurea*, baie de laurier ? Mais attention, ne le confondez pas avec le laurier-cerise ou le laurier-rose, qui sont des poisons violents.

Les feuilles fraîches – le laurier est facile à cultiver en pot sur un rebord de fenêtre ou en terre dans un jardin – sont tendres et douces, leur parfum est délicat et leur saveur rafraîchissante ; sèches, elles sont plus piquantes et boisées, moins odorantes, moins captivantes.

Indissociable du bouquet garni, le laurier est de tous les plats mijotés, se glisse dans les terrines, les pâtés, la préparation des jambons ou des sauces diverses, se marie aussi bien avec les poissons bleus comme le thon, l'anchois ou la sardine, qu'avec les viandes ou les pommes de terre en robe des champs...

# Pommes de terre au laurier, goût fumé

*Pour 3-6 personnes.*
*Préparation et cuisson : 1 heure 10.*

6 pommes de terre de 150 g chacune : nicola, charlotte
1 tranche de 150 g de lard fumé
6 feuilles de laurier

1. Allumez le four th. 5 (175 °C). Coupez le lard en 6 morceaux. Lavez les pommes de terre en les brossant et mettez-les dans une cocotte en fonte de 20 cm de diamètre. Posez sur chacune un morceau de lard et intercalez les feuilles de laurier entre les pommes de terre.
2. Couvrez la cocotte et glissez-la dans le four chaud. Laissez cuire 1 heure. Servez ces pommes de terre chaudes, tièdes ou froides.

*– Ces pommes de terre accompagnent des viandes rôties chaudes ou froides, des poissons fumés...*

# Thon confit à l'ail et au laurier

*Pour 4 personnes. Préparation : 20 minutes.*
*Macération : 1 heure. Cuisson : 4 heures.*

1 TRANCHE DE THON BLANC
DE 1 KG ET DE 4 CM D'ÉPAISSEUR
12 GROSSES GOUSSES D'AIL NOUVEAU
20 FEUILLES DE LAURIER FRAÎCHES
8 CLOUS DE GIROFLE
8 PINCÉES DE NOIX MUSCADE RÂPÉE
2 PIMENTS DE CAYENNE
HUILE D'OLIVE
2 CUILLÈRES À SOUPE DE GROS SEL
1 CUILLÈRE À SOUPE DE POIVRE CONCASSÉ

1. Demandez à votre poissonnier de couper une tranche dans le poisson, juste après la partie ventrale. Rincez-la et épongez-la. Poudrez-la de gros sel et de poivre et laissez-la macérer 1 heure.
2. Au bout de ce temps, rincez le thon, épongez-le et mettez-le dans une cocotte pouvant juste le contenir. Couvrez d'huile – il vous en faudra plus ou moins 2 dl –, ajoutez les gousses d'ail non pelées, le laurier, les clous de girofle, la noix muscade et les piments.
3. Posez la cocotte sur feu doux et, dès que l'huile frémit, couvrez à demi et laissez cuire 4 heures à très petits frémissements. Servez sans retirer les gousses d'ail.

*– Vous pouvez écraser la pulpe des gousses d'ail et y incorporer un peu d'huile de cuisson du thon et quelques pincées de noix muscade râpée : vous obtenez ainsi une crème parfumée que vous dégustez avec le thon, telle quelle ou tartinée sur des tranches de pain de campagne grillées.*
*– Ce thon est excellent chaud, tiède ou froid. Il se conserve plusieurs jours au réfrigérateur, dans son huile avec ses aromates.*

# MANIGUETTE

*Amomum melegueta / Aframomum melegueta*

Exploitée à l'état sauvage sur la côte occidentale d'Afrique – l'ancienne côte Malaguette à laquelle elle donna son nom –, la maniguette est une plante de la famille de la cardamome et du gingembre. Elle s'appelle aussi « poivre de Guinée », car elle pousse en bordure du golfe de Guinée. Elle apparaît pour la première fois en Europe, à Trévise, puis on la retrouve en 1245, à Lyon, dans une liste d'épices. On en trouve une description dans l'*Histoire générale des drogues*, de Pierre Pommet, qui l'utilise en baume pour ses vertus contre la goutte et les bêtes venimeuses. À l'époque où le poivre était hors de prix, la maniguette arrivait d'un pays inconnu et, comme elle était très appréciée, on la surnomma « graine de paradis ». Elle était acheminée en Europe – via le Sahara et Tripoli, exportée par les Arabes, puis les Portugais –, où elle entrait dans la composition de mélanges d'épices pour les vins chauds et les bières. Elle est aujourd'hui encore employée dans la fabrication de liqueurs, pickles, condiments, et son utilisation en cuisine reste très importante en Afrique.

La plante porte une grosse baie pulpeuse pleine d'une centaine de petites graines pyramidales, sombres, très piquantes et poivrées. Celles-ci sont séchées puis concassées ou finement moulues en une poudre blanc-gris qui peut remplacer le poivre en toutes occasions.

## Poulet au miel et au citron

*Pour 6 personnes.*
*Préparation : 20 minutes.*
*Cuisson : 25 minutes.*

1 POULET DE 1,8 KG COUPÉ EN 12 MORCEAUX
2 CITRONS CONFITS AUX CLOUS DE GIROFLE (RECETTE P. 46)
25 G DE GINGEMBRE FRAIS
3 CUILLÈRES À SOUPE DE VERMOUTH BLANC SEC
1 CUILLÈRE À SOUPE DE MIEL DE CITRONNIER
2 CUILLÈRES À SOUPE DE JUS DE CITRON
6 FEUILLES DE LAURIER
2 CUILLÈRES À SOUPE D'HUILE D'ARACHIDE
25 G DE BEURRE
MANIGUETTE FRAÎCHEMENT MOULUE
SEL

1. Hachez grossièrement les citrons confits. Pelez le gingembre et coupez-le en fins bâtonnets.
2. Faites chauffer l'huile dans une sauteuse de 24 cm, mettez-y les morceaux de poulet, les feuilles de laurier, la maniguette et le gingembre. Salez et laissez cuire jusqu'à ce que le poulet soit doré, pendant 15 minutes environ, en mélangeant souvent.
3. Au bout de ce temps, ajoutez le miel et laissez caraméliser, en remuant sans cesse. Ajoutez le jus et les morceaux de citrons, ainsi que le vermouth et laissez cuire encore 10 minutes, en remuant souvent. Ajoutez le beurre, mélangez : le poulet est enrobé d'une sauce très courte et parfumée.

*– Servez avec du riz, des grains de blé précuit (Ebly) ou du couscous vapeur mêlés à des raisins secs et des pignons.*

# Langoustines poêlées,

## *sauce pistou rouge et huile de citron*

*Pour 4 personnes.*
*Préparation : 30 minutes, à l'avance.*
*Cuisson : 1 minute.*
*Macération : 2 heures minimum.*

16 queues de grosses langoustines
4 cuillères à soupe d'huile de citron
Maniguette fraîchement moulue
Sel

**Pour l'huile de citron :**

1 citron non traité
2 cuillères à soupe de gros sel de mer
Huile d'olive

**Pour le pistou rouge :**

400 g de tomates
24 feuilles de basilic fraîches
1 gousse d'ail
4 cuillères à soupe d'huile de citron
1 pincée de gros sel de mer
Maniguette fraîchement moulue

1. Préparez l'huile de citron : lavez le citron, essuyez-le et coupez-le en rondelles de 5 mm d'épaisseur. Parsemez-les de gros sel et laissez macérer 1 heure.
2. Au bout de ce temps, épongez les rondelles de citron et mettez-les dans une terrine. Nappez-les d'huile d'olive et laissez-les macérer 1 heure au moins avant de les utiliser. Vous pourrez conserver ces citrons 15 jours au réfrigérateur.
3. Préparez le pistou : ébouillantez les tomates 10 secondes puis rafraîchissez-les sous l'eau courante, pelez-les, coupez-les en deux et éliminez les graines ; hachez la pulpe. Pelez la gousse d'ail et mettez-la dans un mortier, avec le sel. Pilez jusqu'à obtention d'une pommade, puis ajoutez les feuilles de basilic et pilez encore. Versez l'huile et les tomates en remuant sans cesse. Ajoutez 4 pincées de maniguette.
4. 10 minutes avant de servir, décortiquez les langoustines en laissant le dernier anneau et la queue.
5. Badigeonnez d'huile de citron la chair des langoustines, salez-les et assaisonnez-les de maniguette. Faites chauffer une poêle antiadhésive et faites-y cuire les langoustines 30 secondes de chaque côté, sur feu moyen.
6. Répartissez les langoustines et les rondelles de citron dans 4 assiettes. Servez-les aussitôt, accompagnées de pistou rouge.

# MOUTARDE

*Sinapis alba/Brassica hirta/Brassica nigra/Brassica juncea*

C'est l'expression latine *mustum ardens* (« moût brûlant ») qui a donné le mot « moutarde » : les Romains mélangeaient les graines de moutarde pilées à du moût de raisin pour obtenir un condiment piquant qu'ils utilisaient dans leur cuisine. Mais les graines de moutarde étaient aussi largement employées comme remède médicinal, et Pline l'Ancien recensait plus de quarante remèdes préparés à partir de cette graine.

Les feuilles de moutarde se consomment comme celles du cresson alénois, dont elles partagent la famille botanique et avec lequel elles rivalisent quant à la rapidité de croissance. En l'an 800, les fleurs jaunes de la moutarde environnaient Paris, et on utilisait les feuilles confites dans le vinaigre comme condiment. Quant aux premières moutardes, elles apparaissent en France au XIIe siècle. Le pape Jean XXII d'Avignon en était très friand, et il est à l'origine de la charge de « premier moutardier du Pape ». On vit alors fleurir nombre de moutardes : aux herbes, aux épices, toutes fleurs, à la vanille, à la rose – ces trois dernières créées à Dijon, pour les dames. On a gardé depuis ce goût pour les moutardes aromatisées.

Les trois variétés de moutarde produisent des fleurs jaunes, plus pâles pour la moutarde brune, qui donnent des graines assez grosses et couleur... moutarde pour la moutarde blanche, brune pour la moutarde brune et noire pour la moutarde noire. Elles sont cueillies à maturité, juste avant que les gousses n'éclatent, et sont séchées en gerbes avant d'être décortiquées puis laissées entières, pilées ou réduites en poudre.

Les graines noires, qui ont un parfum beaucoup plus piquant que les blanches ou les brunes, sont largement utilisées en Inde où on les fait griller afin de faire ressortir leur parfum de noix. D'une manière générale, les graines perdent de leur agressivité une fois grillées ou dorées à l'huile, et dégagent alors un arôme de fruit sec.

Les graines sont largement utilisées dans la préparation des cornichons au vinaigre et autres pickles, des curries, des chutneys, des fonds de cuisson des jambons, dans la cuisson de la choucroute où elles font bon ménage avec le genièvre...

Vous pouvez aussi faire germer les graines de moutarde sur un morceau de toile humide : au bout de quinze jours environ, vous récolterez de petites pousses bien vertes, très piquantes, qui agrémenteront une salade, décoreront un plat, garniront des sandwichs à la viande, tartinés de moutarde...

Les moutardes-condiments françaises sont préparées à partir de graines de moutarde jaune ou noire, réduites en poudre, trempées dans du vinaigre, du verjus ou du moût. Dans les moutardes à l'ancienne, comme la célèbre moutarde de Meaux, les graines ont été laissées entières. Quant aux moutardes anglaises, qui se présentent comme des poudres, elles sont faites à partir de graines blanches pilées et additionnées de gingembre et de curcuma. On les délaye avec un peu d'eau au moment de l'utilisation, ou, à l'instar des mélanges d'épices, on les répand sur les viandes avant de les faire sauter, rôtir ou griller.

# Salade de haricots verts,

## *sauce moutarde au thym frais*

*Pour 4 personnes.*
*Préparation et cuisson : 15 minutes.*

600 G DE HARICOTS VERTS TRÈS FINS
2 CUILLÈRES À SOUPE DE MOUTARDE CONDIMENT (SAVORA)
2 CUILLÈRES À SOUPE DE MOUTARDE FORTE
1 ÉCHALOTE OU 1 GOUSSE D'AIL
1 CUILLÈRE À SOUPE D'HUILE DE NOISETTE
1 CUILLÈRE À SOUPE D'HUILE D'OLIVE
6 BRINS DE THYM FRAIS
1 CUILLÈRE À CAFÉ DE MIEL D'ACACIA (FACULTATIF)
SEL

1. Équeutez les haricots, rincez-les et égouttez-les. Faites bouillir de l'eau dans une marmite, salez, et plongez-y les haricots. Laissez-les cuire 5 minutes, jusqu'à ce qu'ils soient juste tendres.
2. Pelez l'échalote et hachez-la finement. Si vous préférez utiliser la gousse d'ail, pelez-la et passez-la au presse-ail au-dessus d'un saladier. Ciselez les feuilles de thym.
3. Mettez les deux moutardes dans le saladier et incorporez les deux huiles et le miel en émulsionnant à la fourchette. Ajoutez le thym et mélangez.
4. Lorsque les haricots sont cuits, égouttez-les et versez-les dans le saladier. Mélangez bien et servez tiède.

*– Servez cette salade telle quelle ou en accompagnement de viandes et volailles rôties, de poissons grillés...*

# Rôti de porc aux trois moutardes

*et à l'ail nouveau*

*Pour 8 personnes.*
*Préparation : 30 minutes. Cuisson : 3 heures.*

1 rôti de porc avec filet mignon
dans le filet, de 1,8 kg
1 cuillère à soupe de moutarde de Dijon
1/2 cuillère à café de graines de moutarde blonde
1/2 cuillère à café de graines de moutarde noire
2 cuillères à soupe de miel d'acacia
1 tête d'ail nouveau, 8 feuilles de sauge
1 cuillère à café d'huile d'arachide
Sel, poivre

1. Demandez à votre boucher la partie du filet comprenant aussi le filet mignon. Faites désosser et entièrement dégraisser le morceau de porc.
2. Pelez les gousses d'ail et coupez les plus grosses en deux. Posez la viande à plat sur une planche. Salez et poivrez l'intérieur et tapissez-le de feuilles de sauge et de gousses d'ail. Rabattez les deux côtés du filet sur le filet mignon, emprisonnant ainsi les aromates et les gousses d'ail qui entoureront le filet mignon. Cousez le rôti avec un fil de coton blanc et une longue aiguille.
3. Mélangez les graines de moutarde, la moutarde de Dijon et le miel. Tartinez la viande de ce mélange. Huilez légèrement une cocotte en fonte ovale pouvant juste contenir la viande et posez-y le rôti.
4. Glissez la cocotte dans le four froid et allumez, th. 5 (175 °C). Laissez cuire 3 heures. Tournez le rôti plusieurs fois pendant la cuisson et ajoutez quelques gouttes d'eau si nécessaire.
5. Lorsque le rôti est cuit, retirez-le du four et laissez-le refroidir. Servez-le découpé en fines tranches.

– *Accompagnez de crudités, de poivrons grillés, de purée d'aubergine...*

# NIGELLE

*Nigella sativa*

La nigelle, aux jolies fleurs bleu pâle, graciles, vaporeuses et duveteuses, est très populaire dans nos jardins comme plante d'ornement. On l'appelle aussi « cheveux de Vénus », « herbe des Capucins » ou « poivrette ». Aujourd'hui, les graines de ces fleurs essentiellement cultivées en Inde sont grillées à sec, et utilisées entières pour parfumer les légumes, notamment les aubergines, les pains – dans les pays du Moyen-Orient surtout – et être incorporées aux mélanges d'épices.

Récoltées avant qu'elles n'éclatent, les capsules des graines sont séchées puis brisées afin d'en recueillir les petites graines noires de deux millimètres, anguleuses et hérissées de cinq pointes, au goût poivré et légèrement anisé, qui évoque aussi celui de l'origan.

## Cake au lard à la nigelle

*Pour 6 personnes.*
*Préparation : 20 minutes. Cuisson : 40 minutes.*

100 G DE VENTRÈCHE, DE PANCETTA
OU DE LARD FUMÉ EN TRANCHES D'1/2 CM D'ÉPAISSEUR
50 G DE PARMESAN FINEMENT ET FRAÎCHEMENT RÂPÉ
3 CUILLÈRES À SOUPE DE GRAINES DE NIGELLE
150 G DE FARINE DE BLÉ BLANCHE, TYPE 45
2 ŒUFS
4 CUILLÈRES À SOUPE DE LAIT
4 CUILLÈRES À SOUPE D'HUILE D'OLIVE
3/4 DE CUILLÈRE À CAFÉ DE SEL
2 CUILLÈRES À CAFÉ DE LEVURE CHIMIQUE
BEAUCOUP DE POIVRE
**Pour la cuisson :**
1 NOIX DE BEURRE
2 CUILLÈRES À SOUPE DE FARINE

1. Allumez le four, th. 5 (175 °C). Beurrez un moule à cake de 18 cm de long puis saupoudrez de farine.
2. Coupez la ventrèche en petits cubes et faites-les dorer dans une poêle antiadhésive. Égouttez-les sur du papier absorbant.
3. Cassez les œufs dans une terrine et ajoutez le sel et le poivre. Faites-les mousser en battant au fouet électrique, puis incorporer le lait et l'huile sans cesser de fouetter. Ajoutez la farine et la levure en les tamisant, puis la ventrèche, le parmesan et 2 cuillères à soupe de graines de nigelle, en remuant avec une spatule.
4. Versez la préparation dans le moule et parsemez du reste de graines de nigelle. Glissez au four. Baissez le thermostat à 4 (150 °C) et laissez cuire 40 minutes, jusqu'à ce que le cake soit gonflé et doré. Laissez-le reposer 5 minutes avant de le démouler, et laissez-le refroidir sur une grille.

*– Servez ce cake en tranches avec toutes sortes de viandes froides et de fromages, avec des légumes, en entrée...*

*– Ce cake peut être préparé plusieurs heures à l'avance.*

# Pizza blanche à la nigelle

*Pour 4-6 personnes.*
*Préparation : 15 minutes. Repos : 3 heures.*
*Cuisson : 20 minutes.*

300 G DE FARINE DE BLÉ BLANCHE, TYPE 45
1 CUILLÈRE À SOUPE DE GRAINES DE NIGELLE
1 SACHET DE LEVURE DE BOULANGERIE LYOPHILISÉE (8 G)
2 CUILLÈRES À CAFÉ D'HUILE D'OLIVE
1/2 CUILLÈRE À CAFÉ DE SUCRE SEMOULE
1 CUILLÈRE À CAFÉ RASE DE SEL DE MER FIN
1 CUILLÈRE À CAFÉ RASE DE GROS SEL DE MER

1. Mettez le sucre dans un verre de 2 dl de contenance. Ajoutez 1 dl d'eau tiède (à 35 °C) et remuez avec une petite cuillère afin que le sucre fonde. Versez ensuite la levure en pluie, mélangez et laissez-la gonfler dans un endroit tiède, sans y toucher, pendant 10 minutes environ : elle doit atteindre le bord du verre.
2. Au bout de ce temps, mettez la farine sur le plan de travail. Saupoudrez-la de sel fin et mélangez. Creusez un puits au centre. Remuez la levure contenue dans le verre à la petite cuillère et versez-la dans le puits, avec 3 dl d'eau tiède.
3. Du bout des doigts et en un mouvement vif partant du centre vers l'extérieur, mélangez tous les éléments puis roulez la pâte en boule et travaillez-la de la manière suivante : poussez-la loin devant vous puis pliez-la et faites-lui faire un quart de tour sur elle-même dans le sens inverse des aiguilles d'une montre. Recommencez l'opération et continuez de travailler ainsi la pâte pendant 5 à 6 minutes environ, jusqu'à ce qu'elle soit lisse et élastique.
4. Mettez alors la pâte dans une grande terrine légèrement farinée et couvrez-la d'un linge. Laissez-la reposer dans un endroit tiède, à l'abri des courants d'air, pendant environ 1 heure 30 : elle doit doubler de volume.
5. Au bout de ce temps, retirez le linge. Faites retomber la pâte en la tapotant du bout des doigts et mettez-la sur le plan de travail. Travaillez-la 3 minutes, comme la première fois.
6. Huilez, avec la moitié de l'huile, une plaque antiadhésive de 38 x 28 cm et étalez-y la pâte, en la poussant vers les bords avec la paume de vos mains, sur une épaisseur de 1/2 cm. Badigeonnez-la du reste d'huile, avec les paumes de vos mains. Piquez la surface de la pâte, tous les 2 cm, avec un bâtonnet, pour éviter qu'elle ne gonfle trop à la cuisson. Laissez-la de nouveau gonfler pendant 1 heure 30 : elle doit atteindre 1,5 cm d'épaisseur.
7. Pendant ce temps, allumez le four, th. 8 (250 °C). Lorsque la pâte a levé, saupoudrez-la de gros sel et de nigelle et glissez la plaque au four. Laissez cuire pendant 20 minutes environ, jusqu'à ce que la pâte soit légèrement blonde.
8. Retirez la plaque du four, découpez la pizza blanche en carrés ou en rectangles, et servez.

*– Dégustez cette pizza, chaude ou tiède, nature ou fourrée ; coupée en deux dans l'épaisseur, garnissez-la de toutes sortes d'ingrédients : jambons crus ou cuits, fromages, tomates, anchois...*

# OIGNONS

*Allium cepa*

Connus depuis les temps préhistoriques, les oignons seraient originaires d'Europe centrale. Ils sont l'indispensable condiment de la cuisine, comme leurs cousins l'ail et l'échalote.

Nouveaux, ils ont un bulbe rond ou allongé de couleur blanche, et une tige vert tendre se terminant par des feuilles vert soutenu. Ils sont piquants en début de printemps, puis s'adoucissent avec la saison. Croquez-les crus, avec une pointe de fleur de sel et une tartine de beurre, ou ciselez-les finement dans une salade de tomates, une salade verte, un potage froid... Conservez-les au réfrigérateur, comme tout autre légume frais.

Les oignons secs se conservent dans un endroit frais et aéré, afin qu'ils ne germent pas. Il en existe d'innombrables variétés, aux formes et aux couleurs diverses : les petits oignons blancs, cueillis avant qu'ils n'atteignent 2,5 centimètres de diamètre, délicieux au vinaigre ou glacés ; les gros oignons blancs ou jaune paille, bases de tous les plats mijotés ; les oignons doux, comme l'oignon Saint-André, qui pousse dans les Cévennes, ou ceux d'Espagne ou des Bermudes, délicieux entiers, confits ; les oignons rouges, ronds ou allongés, à la brillante robe violette, à la fois piquants et sucrés, aussi bons crus que cuits, qui hélas ! perdent leur jolis tons à la cuisson.

# Pissaladière

*Pour 6 personnes.*
*Préparation : 30 minutes, à l'avance.*
*Repos : 40 minutes.*
*Cuisson : 25 minutes.*

**Pour la pâte :**

300 G DE FARINE DE BLÉ BLANCHE, TYPE 45
1 SACHET DE LEVURE DE BOULANGERIE LYOPHILISÉE (8 G)
5 CUILLÈRES À SOUPE D'HUILE D'OLIVE
1 CUILLÈRE À CAFÉ DE SUCRE SEMOULE
1 CUILLÈRE À CAFÉ DE SEL DE MER FIN

**Pour la garniture :**

700 G D'OIGNONS
500 G DE TOMATES MÛRES À POINT
6 GOUSSES D'AIL
8 FILETS D'ANCHOIS
12 OLIVES NOIRES
1 BRIN DE THYM , 1 FEUILLE DE LAURIER
1 CUILLÈRE À CAFÉ DE FLOCONS D'ORIGAN
5 CUILLÈRES À SOUPE D'HUILE D'OLIVE
SEL, POIVRE

1. Préparez la pâte : mettez le sucre dans un verre de 2 dl de contenance. Ajoutez 1 dl d'eau tiède et remuez avec une petite cuillère afin que le sucre fonde. Versez ensuite la levure en pluie, mélangez, et laissez gonfler la levure dans un endroit tiède, sans y toucher, pendant 10 minutes environ : elle doit atteindre le bord du verre.
2. Au bout de ce temps, tamisez la farine sur le plan de travail. Ajoutez le sel et mélangez. Creusez un puits au centre et versez-y l'huile. Remuez la levure contenue dans le verre à la petit cuillère et versez-la dans le puits.
3. Du bout des doigts et en un mouvement vif partant du centre vers l'extérieur, mélangez tous les éléments en ajoutant environ 3 dl d'eau, jusqu'à obtention d'une pâte plutôt molle. Travaillez la pâte en la soulevant, pendant 5 minutes environ. Couvrez la pâte et laissez-la lever dans un endroit tiède, à l'abri des courants d'air, pendant environ 40 minutes : elle doit doubler de volume.
4. Pendant ce temps, pelez les oignons et hachez-les grossièrement. Ébouillantez les tomates 10 secondes puis rafraîchissez-les sous l'eau courante, pelez-les, coupez-les en deux et éliminez les graines ; hachez la pulpe. Pelez 1 gousse d'ail et coupez-la en lamelles.
5. Faites chauffer 2 cuillères à soupe d'huile dans une sauteuse et faites-y cuire les oignons, jusqu'à ce qu'ils soient transparents, pendant 10 minutes environ. Ajoutez la tomate, les lamelles d'ail, le thym, le laurier, le sel et le poivre. Laissez cuire 15 minutes environ, à feu doux, en tournant souvent, puis retirez du feu.
6. Lorsque la pâte a levé, faites-la retomber en la tapotant du bout des doigts et mettez-la sur le plan de travail. Travaillez-la 3 minutes, comme la première fois.
7. Allumez le four, th. 8 (250 °C). Huilez légèrement une plaque à pizza de 30 cm de diamètre. Posez la pâte dans le moule et étalez-la avec vos doigts huilés afin qu'elle couvre toute la surface. Répartissez dessus, à l'aide d'une fourchette, la fondue d'oignons, jusqu'à 1 cm des bords. Parsemez d'olives et garnissez de filets d'anchois et de gousses d'ail en chemise. Parsemez d'origan et nappez du reste d'huile.
8. Faites cuire la pissaladière au four 25 minutes environ : elle est cuite lorsque les bords de la pâte sont dorés. Dégustez chaud, tiède ou froide.

# Oignons rouges farcis au jambon

*Pour 4 personnes.*
*Préparation : 20 minutes.*
*Cuisson : 30 minutes.*

4 OIGNONS ROUGES DE 150 G CHACUN
40 G DE JAMBON CRU
30 G DE MIE DE PAIN BRIOCHÉ
20 G DE CRÈME FRAÎCHE ÉPAISSE
25 G DE PARMESAN FINEMENT ET FRAÎCHEMENT RÂPÉ
2 FEUILLES DE SAUGE
1 CUILLÈRE À CAFÉ DE VERMOUTH BLANC SEC
6 PINCÉES DE NOIX MUSCADE RÂPÉE
1 CUILLÈRE À CAFÉ D'HUILE D'OLIVE
SEL, POIVRE

1. Mettez les oignons entiers et non épluchés dans la partie perforée d'une marmite à vapeur et faites-les cuire pendant 25 minutes environ, jusqu'à ce que la pointe d'un couteau les transperce facilement.
2. Allumez le four, th. 4 (150 °C). Huilez un plat pouvant contenir les 4 oignons. Coupez les oignons aux 2/3 de leur hauteur et réservez le chapeau ; retirez la pulpe des oignons en laissant deux feuilles afin de maintenir la farce.
3. Préparez la farce : hachez la moitié de la pulpe d'oignons avec le jambon. Mélangez-y la crème, la mie de pain, le vermouth, le parmesan, les feuilles de sauge ciselées, le sel, le poivre et la noix muscade.
4. Garnissez les oignons de farce et couvrez-les de leur chapeau. Mettez-les dans le plat ; versez-y 3 cuillères à soupe d'eau. Glissez au four et laissez cuire 15 minutes. Servez-les chauds ou tièdes, en entrée.

# PIMENTS

## *Capiscum annuum / Capiscum frutescens*

« On trouve dans ces îles des arbustes ressemblant à des rosiers ; ils portent des fruits aussi longs que la cannelle qui renferment des petites graines aussi piquantes que le poivre. Les habitants des îles et les Indiens les consomment comme nous mangeons des pommes. » C'est ce qu'écrivait le botaniste qui accompagna Christophe Colomb lors de sa seconde expédition aux Antilles. Ce sont en effet les Espagnols et les Portugais qui ont transporté et répandu le piment, originaire des Andes, à travers le monde, et dans leurs pays respectifs où il s'est admirablement acclimaté.

Selon les archéologues, les Mexicains consomment des piments depuis plus de neuf mille ans, et les cultivent depuis six millénaires. Piments et poivrons supportent mal le gel et ne vivent bien que dans les régions tropicales, au-dessus de 2 000 mètres. *Capiscum frutescens* et *Capiscum annuum* sont issus d'une même espèce. Le premier est une plante vivace de 1 à 2 mètres de haut, produisant des fruits d'environ 2 centimètres de long, excessivement piquants : c'est le piment de Cayenne. Le second est une plante de 50 centimètres de haut, dont la taille et la couleur des fruits varient énormément, de 5 à 15 centimètres de long, allant du vert tendre au violet sombre, en passant par le vert vif, le jaune, l'orange, le rouge... : cette plante annuelle produit des piments allant du plus enragé au plus doux.

Pour mesurer la « chaleur » (on dit *hot* en anglais) des piments, on a mis au point une échelle qui évalue la concentration en capiscaïne, une substance chimique qui résiste à toutes les cuissons. Cette échelle va de 0 unité Scofield (le poivron) à 300 000 unités Scofield : le piment « habanero », qui n'est autre que le piment antillais. Les piments n'offrent pas seulement un apport... piquant, mais aussi un apport de goût, différent selon chaque variété. Celles-ci sont innombrables et très diverses d'un pays à l'autre. Qu'on songe aux piments mexicains – serrano, jalapeno, poblano, ancho, cascabel... –, aux espagnols – nora, morron, guindilla... –, ou aux asiatiques, dont le plus brûlant est le lombok indonésien.

Chez nous, le plus célèbre est le piment d'Espelette, au Pays-Basque, qui fut rapporté par Christophe Colomb et s'imposa dans la petite ville basque d'Espelette où on le fête chaque année à l'automne.

# Salade de bœuf à la thaïlandaise

*Pour 4 personnes.*
*Préparation et cuisson : 30 minutes.*

2 TRANCHES DE BŒUF MAIGRE DE 250 À 300 G
ET D'ENVIRON 2 CM D'ÉPAISSEUR :
AIGUILLETTE DE RUMSTECK, BAVETTE, FAUX-FILET
1 ZESTE DE CITRON NON TRAITÉ RÂPÉ
2 CUILLÈRES À CAFÉ DE JUS DE CITRON VERT
4 OIGNONS FRAIS
1 PETIT CONCOMBRE
1 CŒUR DE SALADE
2 PIMENTS FRAIS
1 CUILLÈRE À SOUPE DE SUCRE SEMOULE
1 GOUSSE D'AIL
1 CUILLÈRE À SOUPE DE NUOC MAM
2 CUILLÈRES À SOUPE DE SAUCE DE SOJA

1. Rincez les piments et hachez-les finement, en éliminant graines et pédoncules. Pelez les oignons, rincez-les et émincez-les. Pelez le concombre en lui laissant quelques lanières de peau et coupez-le en fines rondelles. Rincez la salade et essorez-la. Réservez le tout.
2. Préparez la sauce : pelez la gousse d'ail et passez-la au presse-ail au-dessus d'un saladier. Ajoutez le jus et le zeste des citrons, le sucre, le nuoc mam et le soja. Mélangez jusqu'à ce que le sucre ait fondu.
3. Faites griller les tranches de bœuf dans une poêle antiadhésive 1 minute 30 de chaque côté, et laissez refroidir. Coupez-les ensuite en lamelles de 3 cm x 5 mm, sur 3 mm d'épaisseur.
4. Mettez les lamelles de bœuf dans le saladier contenant la sauce et mélangez bien.
5. Répartissez le cœur de salade et le concombre dans 4 assiettes. Ajoutez la viande et sa sauce. Garnissez d'oignons et de piments, puis servez aussitôt.

*– Vous pouvez préparer de la même façon 200 g de grosses crevettes décortiquées cuites à la vapeur ou juste plongées dans l'eau bouillante et servies tièdes.*

# Anchois marinés

*pimentés sur toasts*

*Pour 4 personnes. Préparation : 30 minutes.*
*Macération : 1 à 3 heures.*

12 ANCHOIS FRAIS
1 GOUSSE D'AIL
3 CUILLÈRES À SOUPE DE JUS DE CITRON
4 CUILLÈRES À SOUPE D'HUILE D'OLIVE
SEL, POIVRE

**Pour les toasts :**

4 TRANCHES DE PAIN DE CAMPAGNE DE 1 CM D'ÉPAISSEUR
6 PINCÉES DE PIMENT D'ESPELETTE
1 POIVRON GRILLÉ COUPÉ EN LAMELLES
2 GOUSSES D'AIL, 1 TOMATE MÛRE
FEUILLES DE BASILIC FRAIS
2 CUILLÈRES À SOUPE D'HUILE D'OLIVE

1. Demandez à votre poissonnier de lever les filets d'anchois.
2. Préparez la marinade : pelez l'ail et passez-le au presse-ail au-dessus d'un bol. Ajoutez le jus de citron et l'huile en émulsionnant le tout à la fourchette. Salez, poivrez.
3. Versez 1/3 de la marinade dans un plat en verre pouvant juste contenir les filets. Rangez les filets tête-bêche dans le plat, peau vers l'extérieur. Nappez du reste de marinade et laissez macérer au frais de 1 à 3 heures.
4. Au moment de servir, égouttez les anchois de la marinade. Pelez les gousses d'ail et coupez-les en deux.
5. Faites griller les tranches de pain et frottez-les d'ail. Coupez la tomate en deux et frottez-en les tranches de pain. Garnissez chaque toast de filets d'anchois et de lamelles de poivron grillé. Nappez d'huile d'olive et parsemez de piment. Décorez de feuilles de basilic et servez aussitôt.

# Guacamole

*Pour 4 personnes.*
*Préparation : 15 minutes.*

2 AVOCATS DU MEXIQUE, MÛRS À POINT
1 OIGNON FRAIS
1 TOMATE
1 PIMENT FRAIS
6 BRINS DE CORIANDRE FRAÎCHE
SEL

1. Ébouillantez la tomate 10 secondes, égouttez-la et rafraîchissez-la sous l'eau courante ; pelez-la, coupez-la en deux, retirez les graines et hachez finement la pulpe. Pelez l'oignon et hachez-le. Rincez le piment et hachez-le finement, en éliminant graines et pédoncule. Ciselez finement la coriandre.
2. Coupez les avocats en deux et retirez les noyaux. Retirez la pulpe et écrasez-la à la fourchette, avec du sel.
3. Mélangez tous les ingrédients et ajoutez-y un noyau d'avocat pour empêcher la préparation de noircir. Servez aussitôt ou réservez au réfrigérateur, recouvert d'un film plastique.

*– Toujours présent sur la table au Mexique, le guacamole accompagne tous les plats.*

# Harissa maison

*Pour environ 300 g de harissa.*
*Préparation : 20 minutes.*

100 G DE PIMENTS ROUGES FRAIS
100 G DE TOMATES MÛRES
12 BRINS DE MENTHE FRAÎCHE
12 BRINS DE CORIANDRE FRAÎCHE
4 GOUSSES D'AIL
1 CUILLÈRE À CAFÉ DE GRAINES DE CARVI
1 CUILLÈRE À CAFÉ DE GRAINES DE CUMIN
1 CUILLÈRE À CAFÉ DE VINAIGRE DE VIN
4 CUILLÈRES À SOUPE D'HUILE D'OLIVE
1/2 CUILLÈRE À CAFÉ DE SEL DE MER FIN

1. Faites griller à sec les graines de carvi et de cumin dans une poêle antiadhésive, jusqu'à ce qu'elles sautillent. Laissez-les refroidir, puis écrasez-les grossièrement dans un pilon.
2. Ébouillantez les tomates 10 secondes, puis rafraîchissez-les sous l'eau courante, pelez-les, coupez-les en deux et éliminez les graines ; hachez-en finement la pulpe.
3. Rincez la menthe et la coriandre et hachez-en finement les feuilles. Rincez les piments, épongez-les et hachez-les finement en éliminant les graines et les pédoncules.
4. Pelez les gousses d'ail et passez-les au presse-ail au-dessus d'une terrine. Ajoutez les tomates, les piments, la menthe et la coriandre, les graines de cumin et de carvi, puis le sel. Versez l'huile et le vinaigre et mélangez.

*– Vous pouvez utilisez la harissa aussitôt ou la conserver 1 mois au réfrigérateur, dans un bocal fermé.*

# Paprikache

*Pour 2-3 personnes. Préparation : 15 minutes.*
*Cuisson : 15 minutes.*

300 G DE VIANDE HACHÉE OU COUPÉE
EN FINES LAMELLES : POULET, BŒUF, AGNEAU
150 G D'OIGNONS
100 G DE POIVRON ROUGE, 1 GOUSSE D'AIL
50 G DE PURÉE DE TOMATES RÉDUITE À 11%
1 CUILLÈRE À SOUPE DE PAPRIKA DE HONGRIE
2 PINCÉES DE PIMENT FORT EN POUDRE
1 CUILLÈRE À CAFÉ DE CUMIN EN POUDRE
2 YAOURTS VELOUTÉS ENTIERS, NATURES, DE 125 G
1 PINCÉE DE FÉCULE DE POMMES DE TERRE OU DE MAÏS
3 PINCÉES DE SUCRE SEMOULE
1 CUILLÈRE À SOUPE D'HUILE D'ARACHIDE, SEL, POIVRE

1. Pelez les oignons et émincez-les. Pelez la gousse d'ail. Pelez le poivron à l'aide d'un épluche-légumes, puis coupez-le en quatre dans la longueur, en éliminant les graines et les filaments blancs ; coupez chaque quartier de poivron en lamelles de 2 mm de large, dans la largeur.
2. Faites chauffer l'huile dans une poêle antiadhésive de 26 cm de diamètre. Ajoutez les oignons et 1 cuillère à soupe d'eau. Mélangez 3 minutes, puis ajoutez le poivron et mélangez encore 3 minutes. Ajoutez la gousse d'ail passée au presse-ail, la viande, le cumin, le paprika, le piment, le sel, le sucre et le poivre. Mélangez 3 minutes. Ajoutez la purée de tomates et mélangez encore.
3. Lissez les yaourts en y incorporant la fécule. Ajoutez-les dans la poêle et laissez cuire 6 minutes, en remuant souvent, jusqu'à ce que la viande soit enrobée d'une sauce épaisse. Servez aussitôt, ou réchauffez.

# Crevettes sautées

*au piment antillais*

*Pour 4 personnes.*
*Préparation : 15 minutes. Cuisson : 10 minutes.*

500 G DE CREVETTES ROSES DÉCORTIQUÉES, CUITES
400 G DE TOMATES MÛRES, 250 G D'OIGNONS
100 G DE GINGEMBRE FRAIS
1 CUILLÈRE À SOUPE DE BASILIC THAÏ CISELÉ
1 CUILLÈRE À SOUPE D'HUILE D'ARACHIDE
2 PIMENTS ANTILLAIS, SEL, POIVRE

1. Pelez le gingembre et râpez-le dans une râpe cylindrique munie de la grille à gros trous. Ébouillantez les tomates 10 secondes, puis rafraîchissez-les sous l'eau courante, pelez-les et coupez-les en deux ; éliminez les graines et hachez la pulpe. Pelez les oignons et hachez-les menu.
2. Mettez les oignons dans une poêle antiadhésive de 24 cm de diamètre. Ajoutez l'huile et 2 cuillères à soupe d'eau. Posez la poêle sur feu modéré et laissez cuire pendant 4 à 5 minutes, jusqu'à ce qu'il n'y ait plus de liquide dans la poêle et que les oignons soient blonds. Ajoutez le gingembre, mélangez 1 minute, puis ajoutez la pulpe de tomates. Salez et poivrez. Laissez bouillir 2 minutes à feu vif, puis ajoutez les crevettes. Mélangez 30 secondes, le temps de réchauffer les crevettes, sans les faire recuire car elles durciraient.
3. Versez les crevettes dans un plat creux, parsemez de basilic ciselé et servez. Présentez avec ce plat les piments coupés en deux : chaque convive en frottera, plus ou moins longuement, les crevettes, afin de les pimenter selon son goût, car ce piment est trop fort pour être croqué.

*– Accompagnez de riz. Vous pouvez choisir toutes sortes de crevettes, petites ou grosses : bouquets, bouquets royaux, gambas, et même langoustines.*

# Feuilles poêlées

*au piment*

*Pour 4 personnes.*
*Préparation et cuisson : 20 minutes.*

600 G DE BLETTES À FEUILLES OU DE JEUNES ÉPINARDS
6 GOUSSES D'AIL NOUVEAU
1 CUILLÈRE À SOUPE DE PIGNONS
1 CUILLÈRE À SOUPE DE RAISINS DE CORINTHE
2 PIMENTS OISEAUX
2 CUILLÈRES À SOUPE D'HUILE D'OLIVE, SEL

1. Coupez la tige des blettes ou des épinards à 3 cm des feuilles. Lavez les feuilles dans plusieurs eaux, puis mettez-les dans un grand plat sans les égoutter complètement. Pelez les gousses d'ail et coupez-les en bâtonnets de 2 mm.
2. Faites dorer les pignons dans une poêle sèche.
3. Mettez l'ail, l'huile et les piments émiettés entre vos doigts dans une poêle de 30 cm de diamètre. Faites chauffer sur feu doux, jusqu'à ce que l'ail blondisse légèrement. Ajoutez les feuilles de blettes ou d'épinards et les raisins, puis salez. Faites cuire sur feu vif, en tournant avec deux spatules, délicatement, pendant 5 minutes environ, jusqu'à ce que toute l'eau se soit évaporée et que les blettes ou les épinards aient fondus. La cuisson est alors terminée ; elle ne doit pas durer plus longtemps, ces délicats légumes y perdraient toute leur saveur. Ajoutez les pignons, mélangez et servez aussitôt.

*– Cette garniture estivale accompagne poissons, viandes ou volailles.*

# PIMENT DE LA JAMAÏQUE

*Pimenta dioica*

Baie du myrte-piment, un grand arbre à feuilles persistantes dont on extrait la vanilline, succédané de la vanille, le piment de la Jamaïque fut introduit en Europe par Christophe Colomb. La confondant avec du poivre, il le baptisa « poivre de la Jamaïque ». Plus tard, les Anglais, en conquérant le pays, l'appelèrent *all spices*, « toute-épice », nom qu'il garde encore en Grande-Bretagne. Les colons anglais essayèrent en vain de planter cet arbre dans d'autres milieux tropicaux, mais il ne donna jamais de baies.

En été, l'arbre se couvre de petites fleurs blanches très parfumées qui deviennent des baies vertes que l'on cueille à la main, avant leur maturité. Elles sont alors séchées au soleil, pendant cinq à six jours, jusqu'à ce qu'elles deviennent fripées, d'une couleur brun-rouge, et chargées d'huiles très aromatiques. Ces baies rappellent le poivre, la cannelle, la muscade et le girofle – d'où sans doute le nom de toute-épice –, et elles font merveille dans les plats salés où elles peuvent parfaitement remplacer le poivre, ainsi que dans les biscuits, les fruits cuits, les entremets. Plongez quelques baies dans les bouillons de viande ou de poisson, le pot-au-feu, les marinades... Et ajoutez-en quelques-unes dans votre poivrier, ou réservez-leur un moulin.

# Chutney
## de mangues

*Pour 4 personnes.*
*Préparation : 20 minutes.*
*Cuisson : 25 minutes.*

2 MANGUES DE 300 G CHACUNE, MÛRES À POINT
1 DL DE VINAIGRE CRISTAL
125 G DE SUCRE SEMOULE
24 BAIES DE PIMENT DE LA JAMAÏQUE
1 PIMENT OISEAU
1 BÂTON DE CANNELLE
3 CLOUS DE GIROFLE
25 G DE GINGEMBRE FRAIS
1 CITRON VERT NON TRAITÉ

1. Pelez les mangues et coupez la pulpe en cubes de 1,5 cm. Lavez le citron vert et hachez-le finement, zeste et pulpe, en réservant le jus qui s'écoule pendant cette opération. Pelez le gingembre et coupez-le en fins bâtonnets. Coupez le piment oiseau en quatre.
2. Mettez la pulpe de mangues dans une casserole inoxydable. Ajoutez le citron, le gingembre, le piment oiseau, les baies de piment de la Jamaïque, la cannelle, les clous de girofle, le vinaigre et le sucre.
3. Posez la casserole sur feu modéré et laissez cuire 25 minutes environ, en tournant souvent. Retirez ensuite du feu et laissez refroidir.

*– Ce chutney se conserve plusieurs mois, dans un bocal fermé, au réfrigérateur.*
*– Il accompagne tous les curries mais aussi les viandes rôties froides, les viandes blanches et les volailles grillées.*

# Lapin confit
## au piment de la Jamaïque, thym et laurier

*Pour 6 personnes.*
*Macération : 6 heures.*
*Préparation : 30 minutes. Cuisson : 2 heures 30.*

1 LAPIN DE 1,4 KG, COUPÉ EN 10 MORCEAUX
700 G DE GRAISSE D'OIE
24 BAIES DE PIMENT DE LA JAMAÏQUE
6 FEUILLES DE BOIS D'INDE OU DE LAURIER
1 CUILLÈRE À SOUPE DE FLEURS DE THYM
8 GOUSSES D'AIL
1 CUILLÈRE À SOUPE DE POIVRES DE DIFFÉRENTES COULEURS
1 CUILLÈRE À SOUPE DE POIVRE MIGNONNETTE
2 CUILLÈRES À SOUPE DE GROS SEL DE MER
HUILE D'ARACHIDE

1. Rincez les morceaux de lapin et épongez-les. Huilez-les et roulez-les dans le gros sel et le poivre mignonnette. Laissez-les macérer 6 heures.
2. Au bout de ce temps, allumez le four, th. 2 (100 °C). Rincez les morceaux de lapin et épongez-les. Mettez-les dans une cocotte ovale de 33 cm et ajoutez les gousses d'ail non pelées, les baies de piment de la Jamaïque, le poivre, le thym et le bois d'Inde.
3. Faites fondre la graisse d'oie et versez-la dans la cocotte. Glissez au four et laissez cuire 2 heures 30.
4. Au bout de ce temps, la chair du lapin est tendre, blanche, et se détache des os. Égouttez les morceaux de lapin et servez-les tièdes.

*– Accompagnez d'une salade de roquette.*
*– Vous pouvez faire griller les morceaux de lapin sous le gril du four à la fin de la cuisson.*

# POIVRE

*Piper nigrum*

L'épice-reine, aussi indispensable que le sel, est, bien sûr, le poivre. Il faut apprendre à le choisir, le conserver et l'utiliser, et savoir que le poivre noir, le blanc et le vert sont les fruits d'un même arbuste grimpant, le *Piper nigrum*, qui pousse à l'état sauvage dans les forêts de l'Inde et de l'Asie, et que l'on cultive aujourd'hui dans d'autres pays tropicaux. Ses petites fleurs en étoiles regroupées en longs chatons donnent des baies odorantes à la saveur piquante. Cueillies encore vertes, elles sont si tendres et si finement épicées qu'on peut les croquer entières lorsqu'elles sont fraîches. Lyophilisées, elles perdent beaucoup de leur saveur et sont si fragiles qu'on ne peut les moudre : il faut les piler. Cueillies un peu plus mûres, alors qu'elles sont jaunes, les baies du poivrier sont séchées : elles se fripent et noircissent, donnant le poivre noir, fruité, boisé, piquant. Arrivés à maturité, les fruits sont rouges et leur noyau blanc a doublé : on retire leur enveloppe claire, riche en essences piquantes et fruitées, et l'on obtient le poivre blanc, peu épicé, délicatement fleuri et subtilement boisé.

On appelle quelquefois « poivres » d'autres épices, comme les éclatantes et fragiles baies roses à la saveur douce-amère. Or, ces baies, nommées également « faux poivre rose », « poivre rose de Bourbon », ou « café de Chine », ne sont pas du poivre mais les fruits d'un arbre originaire des régions montagneuses d'Amérique latine, le *Shinus terebentifolius*. Quant au poivre du Sechouan, ou « poivre-fleur », auquel est apparenté le poivre japonais « *sansho* », dont les feuilles fraîches « *kinome* » sont utilisées comme condiment, c'est la baie séchée d'un arbre chinois, au léger parfum d'anis et d'écorce d'orange séchée, très doux. Citons aussi le cubèbe, dit « poivre à queue », venu de Madagascar, une baie ronde et tendre, munie d'une petite tige, très fruitée, et le « poivre long », aux baies de 2,5 centimètres, ressemblant à de petits chatons durs, de couleur grisâtre, à la saveur légèrement sucrée et à l'arôme discret.

Pour choisir un poivre, sentez-le, croquez-le : il doit développer des arômes, complexes et longs en bouche, sans trop piquer la langue. Le plus remarquable est sans doute le poivre de Java qui, lorsqu'il est chauffé, exhale de capiteux effluves d'encens.

Comme en Inde, faites crépiter dans une poêle sèche les grains de poivre entiers avant de les moudre, ou le poivre concassé avant de le mettre à table avec de la fleur de sel...

# Peposo

*Pour 6 personnes.*
*Préparation : 10 minutes. Cuisson : 5 heures.*

1,5 KG DE GÎTE DE BŒUF
400 G DE PULPE DE TOMATES CONCASSÉE
12 GOUSSES D'AIL
1 CUILLÈRE À SOUPE DE POIVRE CONCASSÉ FIN
1 CUILLÈRE À CAFÉ DE SEL DE MER FIN
2 PINCÉES DE SUCRE SEMOULE
3 DL DE VIN ROUGE ITALIEN : CHIANTI, BARBERA D'ASTI

1. Coupez le bœuf en cubes de 2 cm de côté. Pelez les gousses d'ail et coupez-les en fines lamelles.
2. Mettez la viande dans une cocotte en fonte de 26 cm de diamètre. Ajoutez 2 dl d'eau, la pulpe de tomates, les gousses d'ail, le poivre, le sel et le sucre. Mélangez et couvrez la cocotte.
3. Allumez le four, th. 3 (125 °C). Glissez la cocotte au four et laissez cuire 2 heures 30 sans y toucher.
4. Au bout de ce temps, versez le vin dans la cocotte, mélangez et laissez cuire encore 2 heures 30.
5. Au bout de 5 heures de cuisson, la viande s'est transformée en une délicieuse compote parfumée. Servez aussitôt dans la cocotte.

– *Accompagnez de polenta ou de pâtes fraîches au beurre.*

# Bouquets
*poivre et sel*

*Pour 4 personnes. Préparation et cuisson : 5 minutes.*

300 G DE CREVETTES BOUQUETS VIVANTES
1 CUILLÈRE À SOUPE DE POIVRE CONCASSÉ FIN
1 CUILLÈRE À CAFÉ DE FLEUR DE SEL
2 CUILLÈRES À SOUPE D'HUILE D'OLIVE

1. Mettez la fleur de sel et le poivre dans une poêle antiadhésive. Faites-les chauffer jusqu'à ce qu'ils sautillent et que le parfum du poivre embaume.
2. Ajoutez les bouquets dans la poêle et faites-les cuire 1 minute, en les tournant sans cesse.
3. Arrosez-les d'huile, mélangez 30 secondes et servez aussitôt.

*– Accompagnez de tartines de pain de campagne nature ou au beurre salé.*

# Chèvre frais
*au fenouil et au poivre-fleur*

*Pour 4 personnes.*
*Préparation : 15 minutes.*

4 PETITES FAISSELLES DE FROMAGE DE CHÈVRE FRAIS
2 CŒURS DE FENOUILS
100 G DE FÈVES FRAÎCHES DÉCORTIQUÉES
1 DL D'HUILE D'OLIVE TRÈS FRUITÉE
1 CUILLÈRE À SOUPE DE POIVRE-FLEUR
SEL

1. Renversez les faisselles sur 4 assiettes et parsemez-les de poivre-fleur. Salez légèrement et nappez d'huile d'olive.
2. Coupez les cœurs de fenouils en très fines lamelles sur une râpe fine. Plongez-les dans une terrine remplie d'eau froide puis égouttez-les.
3. Entourez les fromages de fenouils, garnissez de fèves et servez.

*– Servez ces fromages en entrée ou au moment des fromages, accompagnés de tranches de pain de campagne grillées encore chaudes. Ainsi les déguste-t-on chez Alain Ducasse, au restaurant* Le Louis XV, *à Monte-Carlo.*

# QUATRE-ÉPICES

Des nombreux mélanges d'épices réalisés au cours des siècles, rares sont ceux qui ont traversé le temps ; le fameux quatre-épices est de ceux-là. Poivre, noix muscade, clou de girofle et gingembre : telle est sa composition habituelle à laquelle peuvent s'ajouter piment de la Jamaïque et cannelle. Carême, le cuisinier de Talleyrand, joignait à ce mélange cannelle, laurier et macis. Quant au « poivre de cuisine » de *The English Housekeeper*, au XIX$^e$ siècle, il se composait, en quantités égales, de gingembre, muscade, poivre noir, piment de la Jamaïque, girofle et cannelle.

Cette poudre brune, élégamment parfumée, où le poivre domine, est typiquement française. Elle aromatise les charcuteries, les fonds et les bouillons, les plats mijotés... Vous pouvez l'utiliser dans les desserts, pour relever des compotes de fruits ou des pâtes à biscuits.

## Marbré de foie gras

*Pour 4 personnes.*
*Préparation : 30 minutes.*
*Cuisson : 5 minutes, 3 jours à l'avance.*

1 FOIE GRAS DE CANARD CRU DE 600 G
1 CUILLÈRE À SOUPE DE QUATRE-ÉPICES
1 CUILLÈRE À SOUPE DE FARINE DE BLÉ BLANCHE, TYPE 45
1 CUILLÈRE À CAFÉ DE SUCRE SEMOULE
1 CUILLÈRE À CAFÉ DE SEL DE MER FIN

1. Mettez le foie gras au réfrigérateur durant au moins 1 heure : il doit être très froid pour la préparation de cette recette.
2. Mélangez le quatre-épices, la farine, le sucre et le sel dans une assiette.
3. Coupez le foie gras bien froid en tranches obliques de 1,5 cm d'épaisseur et retournez-les dans le mélange épicé. Retirez l'excédent avec un pinceau.
4. Poêlez les tranches de foie gras 40 secondes de chaque côté dans une poêle antiadhésive, sur feu modéré. Réservez dans un bol le gras qui s'écoule au fur et à mesure.
5. Rangez les tranches de foie poêlées dans une terrine rectangulaire de 15 cm de long. Nappez du gras réservé. Couvrez la terrine et réservez 3 jours au réfrigérateur avant de servir.

# Petites seiches sautées au beurre salé

*Pour 2 personnes.*
*Préparation : 10 minutes.*
*Cuisson : 20 minutes.*

500 G DE PETITES SEICHES
1 ÉCHALOTE
1 CUILLÈRE À SOUPE DE COGNAC
50 G DE BEURRE SALÉ
1/4 DE CUILLÈRE À CAFÉ DE QUATRE-ÉPICES
1 CUILLÈRE À SOUPE DE PERSIL CISELÉ

1. Préparez les seiches. Séparez chaque cornet de la tête en la tirant doucement : le cornet se vide, la tête emportant l'os et l'intérieur. Ne gardez des têtes que les tentacules. Coupez chaque cornet en carrés de 3 cm. Lavez-les, avec les tentacules, et égouttez-les dans une passoire. Pelez l'échalote et hachez-la menu.
2. Faites fondre la moitié du beurre dans une sauteuse antiadhésive de 24 cm de diamètre. Ajoutez l'échalote et 1 cuillère à soupe d'eau. Laissez cuire 3 minutes à feu vif, jusqu'à ce que les échalotes soient blondes. Ajoutez les seiches et laissez cuire 20 minutes à feu doux, jusqu'à ce que les seiches soient tendres et que l'eau se soit évaporée. Ajoutez le quatre-épices pendant la cuisson.
3. Lorsque les seiches sont cuites, mettez le reste de beurre et le cognac dans la sauteuse, mélangez, parsemez de persil et servez aussitôt.

*– Servez tel quel avec des grains de blé précuit (Ebly) ou du riz.*

# RAS-EL-HANOUT

Le ras-el-hanout est un mélange typiquement marocain. Son nom signifie « patron de la maison » : c'était en effet l'épicier qui le préparait, mélangeant les épices dans des proportions secrètes. Les ingrédients sont très nombreux – le cumin n'est jamais oublié –, mais le ras-el-hanout contient toujours un ou plusieurs aphrodisiaques, comme la poudre de cantharides – qui sont des coléoptères –, des fleurs, comme les boutons de rose poivrée, du gingembre... Le ras-el-hanout est vendu sous divers aspects, les ingrédients étant simplement séchés et concassés plus ou moins grossièrement, ou moulus en une fine poudre. Il peut bien sûr présenter de très importantes différences de goût, et il faut choisir celui dont le parfum s'avère le plus agréable...

Doux, fruité, capiteux, le ras-el-hanout fait merveille dans les tajines, les ragoûts d'agneau, les brochettes de viande, de volaille ou de gibier, les sauces pour les couscous, le riz, mais aussi les gâteaux riches en miel et en fruits secs.

# Boulettes en sauce à l'oignon

*Pour 4 personnes.*
*Préparation : 30 minutes.*
*Cuisson : 40 minutes.*

500 g de viande hachée : agneau ou bœuf
500 g d'oignons
1/2 cuillère à soupe de menthe ciselée
1 cuillère à soupe de persil plat ciselé
1 cuillère à soupe de coriandre ciselée
1 cuillère à café de gingembre frais râpé
1 cuillère à café de ras-el-hanout en poudre
4 pincées de piment de Cayenne en poudre
1 cuillère à soupe de jus de citron
70 g de beurre
Sel, poivre

1. Pelez les oignons et hachez-les menu. Mettez-en 1 cuillère à soupe dans une terrine et le reste dans une sauteuse antiadhésive de 26 cm de diamètre. Ajoutez le gingembre, le beurre, le sel, le poivre, 2 pincées de piment et 1/2 litre d'eau. Portez à ébullition et laissez mijoter 30 minutes.
2. Préparez les boulettes : mettez la viande dans la terrine contenant les oignons. Mélangez en ajoutant le reste de piment, le ras-el-hanout, la menthe, la moitié du persil et la moitié de la coriandre. Mélangez bien puis formez des boulettes de la taille d'une bille, en les roulant entre les paumes de vos mains. Pour les rouler facilement, trempez vos mains dans de l'eau froide entre chaque boulette.
3. Plongez les boulettes dans la sauteuse et laissez cuire 8 minutes à feu doux. Faites décrire des cercles à la sauteuse afin que les boulettes roulent dans la sauce et cuisent de toutes parts sans se briser.
4. Lorsque les boulettes sont cuites et enrobées d'une sauce onctueuse, ajoutez le reste de persil et de coriandre dans la sauteuse. Versez le jus de citron, mélangez et retirez du feu. Servez chaud.

# Cassolette de calmars aux palourdes

*Pour 4 personnes.*
*Préparation et cuisson : 45 minutes.*

800 G DE PETITS CALMARS
500 G DE PETITES PALOURDES
2 CUILLÈRES À SOUPE DE PERSIL PLAT CISELÉ
1 GOUSSE D'AIL
1/4 DE CUILLÈRE À CAFÉ DE RAS-EL-HANOUT
4 PINCÉES DE PIMENT FORT EN POUDRE
5 CUILLÈRES À SOUPE D'HUILE D'OLIVE
SEL, POIVRE

1. Pelez la gousse d'ail. Rincez les palourdes et égouttez-les. Nettoyez les calmars, videz-les en tirant sur leurs tentacules. Rincez têtes et corps et épongez-les. Coupez les corps en rondelles de 1 cm et séparez les tentacules.
2. Mettez les calmars dans une sauteuse antiadhésive de 28 cm de diamètre et posez-la sur feu vif. Mélangez jusqu'à ce qu'ils ne rendent plus d'eau.
3. Ajoutez le sel, le poivre, le ras-el-hanout et le piment. Ajoutez l'huile, la gousse d'ail passée au presse-ail et le persil, et mélangez 30 secondes.
4. Ajoutez les palourdes dans la sauteuse et laissez cuire, à découvert, jusqu'à ce que les coquillages s'ouvrent : cela prend 4 à 5 minutes. Mélangez sans cesse pendant la cuisson afin d'émulsionner leur jus à celui des calmars.
5. Retirez du feu et répartissez dans des assiettes creuses, chaudes. Servez aussitôt.

*– Accompagnez de croûtons grillés frottés d'ail.*

# RÉGLISSE

*Glycyrrhiza glabra*

Plante aromatique de la famille des papilionacées, la réglisse, dite aussi « racine bonne » ou « bois sucré », est un rhizome d'une jolie couleur dorée qui donne des fleurs bleu-violet et des gousses. Les Romains l'appelaient *radix dulcis*, « racine douce » et, comme les Grecs, ils s'en servaient pour s'éclaircir la voix et dégager les bronches. Aujourd'hui, elle entre dans la fabrication de nombreux médicaments grâce à ses vertus expectorantes, laxatives, antispasmodiques, digestives, diurétiques, anti-inflamatoires...

Autrefois, les paysans arrachaient les arbrisseaux, retenant les rhizomes de réglisse qu'ils faisaient sécher plusieurs mois au soleil avant de les débiter en bâtonnets. Aujourd'hui, au bout de trois années de culture, les rejets souterrains de la plante sont déterrés, lavés, pelés et mis à sécher à la température maximale de 35 °C. Ils deviennent alors les bâtons bruns au goût doux-amer que les enfants sucent. Mais on la retrouve aussi sous forme de rubans noirs, de pastilles, de bonbons de toutes sortes...

En poudre ou en essence, elle parfume agréablement les salades de fruits ; en bâtonnets, elle s'infuse dans du lait ou de la crème, des sirops ou des coulis, mais vous pouvez les piquer dans des blancs de volaille, des ris de veau, des coquilles Saint-Jacques avant de les faire doucement griller.

## Crèmes en pots au parfum de réglisse

*Pour 6 personnes.*
*Préparation : 20 minutes.*
*Cuisson : 1 heure 15, à l'avance.*

1 BÂTON DE RÉGLISSE
2,5 DL DE CRÈME LIQUIDE
1,5 DL DE LAIT
5 JAUNES D'ŒUFS
80 G DE SUCRE SEMOULE

1. Allumez le four, th. 2 (100 °C).
2. Versez la crème et le lait dans une casserole et portez à ébullition. Retirez du feu, ajoutez la réglisse coupée en bâtonnets et laissez infuser 15 minutes.
3. Au bout de ce temps, mettez les jaunes d'œufs dans une terrine et fouettez-les avec le sucre, jusqu'à ce que le mélange blanchisse. Versez dessus le mélange lait-crème après l'avoir filtré et avoir jeté la réglisse.
4. Passez 6 ramequins ou petits pots en grès allant au four sous l'eau courante. Versez la préparation dans les ramequins et glissez-les au four. Laissez cuire 1 heure 15, jusqu'à ce que les crèmes soient prises. Laissez refroidir puis réservez quelques heures au réfrigérateur avant de déguster.

# Poulet au bois de réglisse et aux citrons rôtis

*Pour 4 personnes.*
*Préparation : 30 minutes.*
*Cuisson : 2 heures 15.*
*Repos : 30 minutes.*

1 POULET DE 1,8 KG, VIDÉ
6 BÂTONS DE RÉGLISSE
50 G DE BEURRE MOU
SEL, POIVRE
**Pour les citrons :**
2 PETITS CITRONS TRÈS FRAIS DE 60 À 70 G CHACUN
2 CUILLÈRES À CAFÉ RASE DE SUCRE SEMOULE
4 PINCÉES DE GROS SEL DE MER

1. Allumez le four, th. 5 (175 °C). Lavez les citrons, épongez-les et enveloppez chacun d'eux hermétiquement dans deux épaisseurs de papier d'aluminium. Rangez les citrons dans un plat pouvant juste les contenir. Glissez le plat dans le four chaud et laissez cuire 2 heures.
2. Piquez 4 bâtons de réglisse dans les cuisses du poulet et 2 dans les blancs. Tartinez la surface du poulet de beurre, salez et poivrez. Posez le poulet dans une cocotte en fonte et glissez-la dans le four, sans la couvrir, au bout de 1 heure de cuisson des citrons. Laissez cuire le poulet 1 heure 15 : il dore lentement, uniformément, sa peau devient croustillante, le gras s'écoule au fond de la cocotte, sans éclabousser le four. Vérifiez aux 2/3 de la cuisson que le jus du poulet ne caramélise pas trop et que sa couleur reste ambrée. Si le jus est trop brun, ajoutez 2 cuillères à soupe d'eau.
3. Lorsque les citrons ont cuit 2 heures, retirez-les du four et laissez-les reposer 30 minutes dans leurs papillotes. Retirez ensuite le papier d'aluminium et coupez chaque citron en deux horizontalement. Enlevez les pépins et mettez la pulpe dans un saladier, en la retirant avec une petite cuillère. Écrasez cette pulpe à la fourchette en y incorporant le sel et le sucre. Garnissez chaque demi-citron de pulpe ainsi assaisonnée.
4. Lorsque le poulet est cuit, retirez-le de la cocotte et dégraissez le jus de cuisson à l'aide d'une cuillère, puis ajoutez 1 à 3 cuillères à soupe d'eau, mélangez et versez le tout dans une saucière.
5. Servez le poulet accompagné des citrons dont vous dégusterez la pulpe, mais aussi la peau rôtie, délicieuse.

– *Servez ce poulet avec des petites poires pelées légèrement caramélisées à la poêle.*

– *Merci au talentueux Alain Passard, chef du restaurant* Arpège, *à Paris, pour cette exquise recette.*

# ROMARIN

*Rosmarinus officinalis*

Symbole d'amour, le romarin était jadis de tous les mariages et enterrements. Cette jolie plante très aromatique aux feuilles en forme d'aiguilles vertes et aux belles fleurs bleues, dont le nom latin signifie « rosée de mer », pousse en arbrisseaux de 50 centimètres à 1 mètre, dans les maquis et les garrigues, et aime les embruns maritimes. Ses fleurs au pollen abondant attirent les abeilles qui produisent un excellent miel que l'on appelle « miel de Narbonne ».

Élément de base de la cuisine méditerranéenne, le romarin aime avant tout l'huile d'olive, l'ail et le thym, et ses feuilles sont excellentes fraîches, avec les viandes blanches, l'agneau, les volailles et les fruits de mer, mais aussi les aubergines, les tomates et les poivrons. Utilisez ses brins entiers effeuillés pour confectionner des broches, supports de brochettes d'agneau ou de noix de Saint-Jacques. Enfermez ses feuilles dans un nouet de mousseline pour parfumer ragoûts et plats mijotés, bouillons et marinades, ou jetez-les dans les flammes du barbecue : elles parfumeront délicieusement toutes les grillades.

# Saint-Jacques en brochettes de romarin,

*sauce au citron confit*

*Pour 4 personnes.*
*Préparation : 20 minutes.*
*Cuisson : 15 minutes.*

16 noix de Saint-Jacques
4 longues branches de romarin
1 citron non traité
1 tomate séchée
1 gousse d'ail
1 cuillère à soupe rase de sucre semoule
25 g de beurre
3 cuillères à soupe d'huile d'olive
Sel

1. Préparez la sauce : rincez le citron et coupez-le en quatre dans la longueur, puis en éventails de 2 mm. Hachez finement la tomate séchée. Pelez la gousse d'ail et hachez-la finement.
2. Versez 1 dl d'eau dans une petite casserole. Ajoutez le sucre et 4 pincées de sel. Portez à ébullition, puis plongez-y le citron et laissez-le cuire 5 minutes environ, jusqu'à ce qu'il soit tendre et que la partie blanche soit devenue translucide. Retirez le citron avec une écumoire et réservez-le. Plongez l'ail et la tomate dans le sirop. Laissez cuire 3 minutes.
3. Remettez le citron dans la casserole. Ajoutez 1 cuillère à soupe d'huile et le beurre. Mélangez et retirez du feu.
4. Rincez les noix de Saint-Jacques et épongez-les. Posez-les à plat sur une planche, 4 par 4, et transpercez-les avec les branches de romarin. Salez-les légèrement.
5. Faites chauffer 2 cuillères à soupe d'huile dans une poêle antiadhésive de 28 cm de diamètre. Faites-y cuire les brochettes de Saint-Jacques pendant 5 minutes, toujours à feu très doux, en les retournant à mi-cuisson.
6. Dressez les brochettes sur un plat. Réchauffez la sauce et servez-la à part. Dégustez chaud.

# SAFRAN

*Crocus sativus*

Les Égyptiens connaissaient déjà cette fleur, qu'ils utilisaient comme épice, teinture, parfum et remède. Les Romains en répandaient sous les pas des empereurs et sur les couches des jeunes mariés, et la faisaient infuser dans le vin, lui conférant, disait-on, des vertus aphrodisiaques. Chez nous, à la Renaissance, on la considéra comme un remède contre la peste...

Cette petite plante bulbeuse aux belles fleurs bleu-violet fleurit en automne et ses feuilles n'apparaissent qu'après la floraison. Attention à ne pas la confondre avec le safran des prés (*Colchicum autumnale*), jolie fleur vénéneuse qui lui ressemble.

Chaque fleur possède trois stigmates qui constituent le safran. Elles sont ramassées dès leur épanouissement, et les stigmates sont retirés à la main puis séchés. Il faut 100 000 fleurs pour obtenir 5 kilos de stigmates frais qui, une fois secs, ne pèsent plus que 1 kilo. Ce qui explique le prix du safran : près de 20 000 francs le kilo. Mais une pincée suffit pour parfumer et colorer un plat.

L'Iran est le premier producteur de safran, suivi par l'Espagne, l'Inde, les États-Unis, l'Amérique centrale et l'Amérique du Sud. En France, on le cultive en Aquitaine, et il entre dans la composition de la célèbre liqueur chartreuse.

Indispensable dans de nombreux plats de la cuisine mondiale – que seraient, sans le safran, la bouillabaisse marseillaise, la paëlla espagnole, le risotto à la milanaise, le tchelo iranien, le gâteau de Cornouailles, la brioche de Noël en Suède –, le safran doit toujours être acheté sous forme de stigmates, la poudre étant rarement du pur safran, souvent mélangée à du curcuma que l'on appelle aussi « safran des Indes » ou « safran bourbon », à la jolie couleur... safran, mais au goût peu prononcé et à la saveur piquante.

En cuisine, il fait merveille avec les poissons, les sauces tomate, le riz, les pâtes, mais aussi les desserts comme la crème brûlée, les compotes de fruits, les fruits cuits dont le sirop fera un sorbet exquis ; une crème anglaise parfumée au safran aura une jolie couleur, et sa saveur s'harmonisera parfaitement avec un fondant au chocolat.

# Poires au safran

*Pour 4 personnes.*
*Préparation : 10 minutes.*
*Cuisson : 30 minutes.*

4 POIRES DE 200 G CHACUNE
100 G DE MIEL D'ACACIA
1 DL DE VIN BLANC
1 CUILLÈRE À CAFÉ DE FILAMENTS DE SAFRAN
1 CITRON

1. Versez le miel dans une cocotte pouvant contenir les poires. Ajoutez le vin blanc et les filaments de safran. Portez à ébullition et laissez cuire 5 minutes.
2. Pelez les poires en leur laissant le pédoncule. Frottez chaque poire avec le citron coupé en deux. Posez-les dans le sirop chaud et laissez-les cuire 20 minutes, en les arrosant régulièrement de sirop.
3. Lorsque les poires sont cuites, égouttez-les et mettez-les dans une coupe. Faites réduire le sirop jusqu'à ce qu'il soit bien sirupeux, puis nappez-en les poires.
4. Servez ces poires dorées tièdes, froides ou glacées, nature ou avec des tuiles à l'orange.

*– Pour réaliser les tuiles à l'orange, faites fondre 75 g de beurre. Hors du feu, incorporez 100 g de sucre glace, 30 g de farine en la tamisant, le zeste râpé de 1 orange et 2 cuillères à soupe de son jus. Étalez de fins disques de pâte sur une plaque à pâtisserie légèrement beurrée et faites-les cuire au four préchauffé, th. 5 (175 °C), 7 à 8 minutes : les tuiles sont blondes et aérées. Laissez-les reposer 1 minute, puis retirez-les de la plaque avec une spatule souple et donnez-leur une forme de tuile en les moulant sur un rouleau ou une bouteille. Laissez refroidir.*

# Brioche florentine au safran

*Pour 8 personnes.*
*Préparation : 20 minutes.*
*Repos : 8 à 11 heures.*
*Cuisson : 40 minutes.*

600 G DE FARINE DE BLÉ BLANCHE, TYPE 45
2 SACHETS DE LEVURE DE BOULANGERIE LYOPHILISÉE (16 G)
200 G DE SUCRE SEMOULE
3 ŒUFS
150 G DE BEURRE TRÈS MOU
LE ZESTE D'1 ORANGE TRÈS FINEMENT RÂPÉ
1 G DE POUDRE DE SAFRAN
3 PINCÉES DE SEL
SUCRE GLACE
**Pour le moule :**
1 NOIX DE BEURRE

1. Diluez 1 cuillère à café de sucre semoule dans 1/8 de litre d'eau tiède, dans un bol. Ajoutez la levure, mélangez et laissez gonfler 15 minutes.
2. Mélangez la farine, le sucre, le safran, le zeste d'orange et le sel dans une terrine ou le bol d'un robot équipé d'un crochet à pâte. Versez-y la levure et ajoutez 1 œuf en travaillant la pâte pour l'aérer au maximum, c'est-à-dire en soulevant la pâte avec une spatule ou en laissant le robot faire son travail de pétrissage. Incorporez le deuxième œuf, puis le troisième et enfin le beurre. Lorsque la pâte est élastique et se détache de la terrine, couvrez-la d'un torchon. Laissez-la lever jusqu'à ce qu'elle double de volume, 6 à 8 heures, voire plus, dans un endroit tiède.
3. Lorsque la pâte a levé, pétrissez-la à nouveau 10 minutes, comme une pâte à pain. Beurrez un moule rectangulaire de 28 x 22 cm ou un moule carré de 22 cm de côté. Étalez-y la pâte, régulièrement. Couvrez le moule et laissez à nouveau la pâte reposer 2 à 3 heures : elle doit doubler de volume.
4. Allumez le four, th. 4 (150 °C). Au bout de 15 minutes, glissez-y la brioche et laissez-la cuire 40 minutes. Retirez-la du four et laissez-la refroidir sur une grille avant de la couvrir de sucre glace tamisé.

*– Cette délicieuse brioche plate est une spécialité de Florence. Elle se déguste en fin de repas ou dans la journée, coupée en cubes et accompagnée d'un verre de* « vin santo » *(vin de messe), le vin doux doré et fruité des collines toscanes.*

# SAUGE

*Salvia officinalis*

Elle était l'herbe sacrée des Romains qui la cueillaient pieds nus, et l'utilisaient tant en cuisine qu'en médecine. Les Grecs en faisaient confire les feuilles dans du vinaigre, ou les ajoutaient fraîches aux salades.

Ce petit arbrisseau d'environ 1 mètre de haut pousse spontanément en Europe méridionale, et ses jolies feuilles longues, étroites et duveteuses, dégagent une légère odeur camphrée lorsqu'on les frotte. La sauge pousse très facilement en pot sur les balcons ; on la récolte traditionnellement avant la floraison, qui a lieu à la Saint-Jean, mais vous pouvez attendre ses jolies fleurs mauves pour décorer vos salades et vos plats. Faites-la sécher ensuite en petits bouquets suspendus dans un endroit aéré.

Il existe de très nombreuses variétés de sauge, toutes excellentes, comme la sauge pourpre aux tiges pourpres, la sauge ananas aux feuilles très pointues, jaune-vert et au parfum d'ananas, la sauge tricolore aux feuilles vertes tachetées de rose et bordées de blanc...

Appréciée dans tout le bassin méditerranéen, la sauge a une place privilégiée en Italie, où elle mijote longuement avec de petits haricots blancs frais, se transforme en beignets croustillants, parfume les *saltimbocca* et les pâtes *alla griscia*... En Provence, elle fait bon ménage avec l'ail dans l'*aïgo boulido*, simple eau bouillie avec ail et sauge, que l'on prépare à Noël, et qui est appréciée pour ses vertus digestives. En Grande-Bretagne, elle entre dans la composition des saucisses fraîches, de la farce pour l'oie, et du fromage appelé *Derby*, joliment veiné de vert. Elle est excellente avec les volailles, les viandes blanches, le porc en particulier, les gibiers, les poivrons... Vous pouvez aussi, comme en Grèce, en préparer une infusion aux vertus digestives.

# Risotto à la sauge et au jambon croustillant

*Pour 4 personnes.*
*Préparation : 20 minutes.*
*Cuisson : 30 minutes.*

200 G DE RIZ ITALIEN, « *ARBORIO* » OU « *CARNAROLI* »
200 G DE JAMBON DE PARME EN TRÈS FINES TRANCHES
20 FEUILLES DE SAUGE
1/2 LITRE DE LAIT
100 G D'OIGNONS
3 CUILLÈRES À SOUPE DE MARSALA OU DE VIN BLANC SEC
60 G DE PARMESAN FINEMENT ET FRAÎCHEMENT RÂPÉ
100 G DE BEURRE
2 CUILLÈRES À SOUPE D'HUILE D'OLIVE PEU FRUITÉE
6 PINCÉES DE NOIX MUSCADE RÂPÉE
1 CUILLÈRE À CAFÉ DE POIVRE MIGNONNETTE
SEL

1. Pelez l'oignon et hachez-le menu. Coupez le jambon de Parme en lamelles de 2 x 5 cm et roulez-les dans le poivre mignonnette.
2. Faites bouillir le lait et autant d'eau dans une petite casserole, avec 4 feuilles de sauge et la noix muscade. Éteignez le feu et réservez.
3. Faites fondre 60 g de beurre dans une cocotte en fonte de 4 litres. Ajoutez l'oignon et laissez-le cuire 3 minutes à feu doux, jusqu'à ce qu'il devienne translucide.
4. Versez le riz en pluie et laissez cuire 3 minutes, en tournant sans cesse : le riz doit être bien blond. Mouillez alors avec le vin choisi. Dès qu'il a été absorbé, sans cesser de remuer le riz, versez le lait à la sauge dans la cocotte, en cinq ou six fois, sans cesser de remuer avec une spatule : attendez que le riz ait absorbé tout le lait versé précédemment pour en ajouter. La cuisson dure 18 minutes : le riz est alors tendre et la préparation a la consistance d'une crème épaisse. Salez en cours de cuisson.
5. Ajoutez le reste de beurre et la moitié du parmesan dans le risotto, en remuant sans cesse.
6. Faites chauffer l'huile dans une poêle antiadhésive de 24 cm de diamètre et faites-y dorer les morceaux de jambon de Parme jusqu'à ce qu'ils soient très croustillants. Retirez-les avec une écumoire et faites dorer les feuilles de sauge qui elles aussi doivent être croustillantes.
7. Servez le risotto dans 4 assiettes, parsemez de jambon et de sauge et servez aussitôt, avec le reste de parmesan à part.

# Saltimbocca à la romaine

*Pour 6 personnes.*
*Préparation et cuisson : 20 minutes.*

12 FINES TRANCHES DE FILET DE VEAU
3 FINES TRANCHES DE JAMBON DE SAN DANIELE,
DANS LA PARTIE LA PLUS LARGE DU JAMBON
12 FEUILLES DE SAUGE
2 CUILLÈRES À SOUPE D'HUILE D'OLIVE
25 G DE BEURRE
1 DL DE VIN BLANC SEC
SEL, POIVRE

1. Demandez à votre boucher d'écraser très finement les tranches de filet de veau. Coupez chaque tranche de jambon en 4 et déposez un morceau sur chaque tranche de veau. Garnissez d'1 feuille de sauge et maintenez le tout bien à plat à l'aide de bâtonnets.
2. Faites chauffer l'huile dans une poêle de 28 cm de diamètre. Ajoutez le beurre et dès qu'il est fondu, faites-y dorer les saltimbocca, à feu modéré, 1 minute côté viande puis 5 secondes côté sauge. Réservez sur deux assiettes.
3. Versez le vin dans la poêle et détachez les sucs de cuisson de la viande, en raclant le fond de la poêle avec une spatule en bois. Laissez réduire de moitié, salez, poivrez et nappez les saltimbocca de ce jus. Servez aussitôt.

*– Accompagnez les saltimbocca de polenta ou de pâtes fraîches au beurre, de blettes à feuilles poêlées à l'huile d'olive, avec ail et piment...*

# SÉSAME

*Sesamum indicum*

Afrique, Iran, Inde, Indonésie ? Le mystère demeure sur l'origine du sésame. En Chine, où il est connu depuis deux mille ans, on l'appelle toujours « chanvre étranger ». On retrouve également sa trace dans les papyrus datant de 1 500 ans av. J.-C., parmi les plantes médicinales. Quant à Marco Polo, il avait noté que les Perses utilisaient de l'huile de sésame, ne connaissant pas encore l'huile d'olive. Car cette petite graine se prête à maintes transformations.

Cette plante annuelle de haute taille porte de larges feuilles vertes et duveteuses et des fleurs blanches ou roses qui, selon les variétés, donnent des gousses contenant de nombreuses graines blanches, brunes ou noires. Les gousses sont récoltées avant maturité – avant qu'elles n'éclatent et ne laissent échapper leurs graines –, puis séchées. On en extrait une huile très parfumée, au fort goût de noisette, délicieuse pour la cuisson et très prisée en Asie – les Japonais l'appellent *goma abura* et s'en servaient traditionnellement pour cuire les *tempura*. Écrasées, les graines se transforment en une pâte huileuse, épaisse et fruitée, appelée *tahina* au Moyen-Orient. Elle est mélangée à de l'ail pilée et du jus de citron pour préparer des sauces qui accompagnent les brochettes ou parfument les légumes ; sucrée, elle permet la fabrication de la *halva*, friandise très prisée, nature ou additionnée d'amandes et de pistaches.

Les graines de sésame, blanches ou noires, sont encore meilleures lorsqu'on les fait dorer dans une poêle sèche ; elles exprimeront ainsi leur arôme de noix et de noisette. Vous pourrez alors en parsemer des pains, des salades vertes, des légumes sautés, ou encore du riz ou des tranches d'omelette, comme on le fait au Japon où les graines de sésame font partie du mélange de mouture grossière appelé *shichimi togarashi*, présent sur les tables comme chez nous le poivre, et comprenant sésame blanc et noir, baies de poivre du Sechouan, zeste de mandarine séché, graines de colza ou de pavot, algue noire (*nori*) et piment (*togarashi*). Le duo noir et blanc constitué de graines de sésame noir et de fleur de sel appelé « goma-shio » (gingembre et sel) est, au pays du Soleil levant, l'assaisonnement le plus populaire.

# Purée d'aubergines
*au sésame*

*Pour 6-8 personnes.*
*Préparation : 15 minutes.*
*Cuisson : 30 minutes.*

4 aubergines de 200 g chacune
3 cuillères à soupe de purée de sésame (« Tahina »)
2 gousses d'ail
2 cuillères à soupe de jus de citron
2 cuillères à soupe d'huile d'olive fruitée
Sel

1. Allumez le four, th. 6 (200 °C). Lavez les aubergines et épongez-les. Piquez-les de quelques coups de couteau pour éviter qu'elles n'éclatent. Posez-les sur la plaque du four et laissez-les cuire 30 minutes, jusqu'à ce que leur peau soit brune. Retirez-les du four et laissez-les tiédir.
2. Pelez les gousses d'ail et passez-les au presse-ail au-dessus du bol d'un mixeur. Retirez la peau des aubergines et ajoutez leur pulpe dans le bol avec le jus de citron, la purée de sésame et du sel.
3. Mixez jusqu'à obtention d'une très fine purée. Versez-la dans un saladier et tracez des sillons sur la surface avec une fourchette. Versez l'huile d'olive dans les sillons.
4. Servez cette purée froide, garnie de feuilles de menthe et de graines de grenade, avec du pain libanais ou des tranches de pain grillées.

*– Vous trouverez la purée de sésame dans les magasins de produits diététiques ou dans les épiceries orientales.*

# Sauce sésame

*Pour 6 personnes.*
*Préparation : 10 minutes.*

4 cuillères à soupe de purée de sésame (« Tahina »)
2 cuillères à soupe de jus de citron
6 pincées de cumin en poudre
2 pincées de cannelle en poudre
2 pincées de piment fort en poudre
1/2 cuillère à café de miel d'acacia
1 gousse d'ail, sel

1. Pelez la gousse d'ail et coupez-la en 4. Mettez-la dans le bol d'un robot.
2. Ajoutez la purée de sésame, le jus de citron, le miel, le cumin, la cannelle, le piment et du sel. Mixez jusqu'à obtention d'une fine pâte homogène. Servez aussitôt ou réservez au réfrigérateur.

*– Cette sauce accompagne les poissons froids, cuits à la vapeur ou au court-bouillon, les volailles ou les viandes blanches rôties froides... Elle est aussi excellente tartinée sur des pains libanais ou des pittas chaudes.*

# SHISO

*Perilla de Nankin*

Ces jolies feuilles très parfumées, arrondies et découpées, appartiennent à la même famille que la menthe. Originaires sans doute de l'Himalaya, elles sont connues en Asie depuis des siècles et se retrouvent dans la cuisine chinoise, birmane et japonaise.

Les Japonais cultivent depuis longtemps les deux variétés, celle à feuille verte, « *aojiso* », et celle à feuille violette, « *akajiso* ». La première se prépare en *tempura* – entière ou enrobant un petit poisson, elle est plongée dans la pâte puis dans la friture chaude – et décore les plateaux de *sashimi*. Elle est fraîche du début du printemps à la fin de l'automne. La seconde, moins parfumée, est vendue fraîche entre juin et juillet, et vous la trouverez chez nombre de marchands asiatiques. Au Japon, elle parfume et colore les *umeboshi*, petites prunes salées que l'on croque en fin de repas, et de nombreux condiments de légumes que l'on sert avec le riz. Violettes ou vertes, les feuilles de shiso peuvent être finement ciselées et éparpillées sur une salade, un poisson ou un crustacé cuits à la vapeur.

# Brochettes de bœuf en robe de shiso

*Pour 6 personnes.*
*Préparation : 15 minutes.*
*Macération : 12 heures.*
*Cuisson : 2 minutes.*

36 FEUILLES DE SHISO
800 G DE BŒUF : RUMSTECK OU FAUX-FILET
4 BULBES DE CITRONNELLE
2 GOUSSES D'AIL
2 CIBOULES FRAÎCHES
1 PIMENT ROUGE FRAIS
1 CUILLÈRE À SOUPE DE SUCRE SEMOULE
2 CUILLÈRES À SOUPE DE NUOC MAM
POIVRE

**Pour la sauce :**
1 CUILLÈRE À SOUPE DE NUOC MAM
2 CUILLÈRES À SOUPE DE JUS DE CITRON VERT
1 PIMENT ROUGE FRAIS
1 GOUSSE D'AIL

1. La veille, préparez le bœuf : coupez-le en très fines lamelles d'environ 4 x 2 cm, sur 2 mm d'épaisseur. Retirez les feuilles dures de la citronnelle et hachez finement les bulbes tendres. Rincez le piment et hachez finement sa pulpe en éliminant les graines et le pédoncule. Pelez les ciboules, rincez-les et hachez-les menu.
2. Pelez les gousses d'ail et passez-les au presse-ail au-dessus d'une terrine. Ajoutez la citronnelle, le piment, les ciboules, le poivre, le sucre et le nuoc mam, puis mélangez bien. Ajoutez les tranches de bœuf dans cette marinade et mélangez encore. Laissez mariner 8 à 12 heures, en mélangeant de temps en temps.
3. Au bout de ce temps, préparez la sauce : pelez la gousse d'ail et passez-la au presse-ail au-dessus d'une terrine. Rincez le piment et hachez finement sa pulpe en éliminant les graines et le pédoncule : ajoutez-le dans la terrine avec le jus de citron, le nuoc mam et 5 cl d'eau. Mélangez et répartissez cette sauce dans 6 coupelles.
4. Allumez le gril du four. Divisez la viande en 36 portions et enroulez chacune dans une feuille de shiso. Enfilez ces rouleaux trois par trois sur des brochettes en bambou. Faites-les cuire près du gril, 1 minute de chaque côté. Servez chaud avec la sauce à part.

– *Nous avons découvert cette délicieuse recette grâce à Robert Vifian, du restaurant* Tan Dinh *à Paris.*

# Tempura

*Pour 4 personnes.*
*Préparation et cuisson : 15 minutes.*

12 FEUILLES DE SHISO VERTES

16 GAMBAS CRUES, DE 75 À 80 G CHACUNE

120 G DE FARINE

1 JAUNE D'ŒUF

75 CL D'HUILE D'ARACHIDE

SEL

1. Coupez la queue des gambas au ras de la tête et décortiquez-les en laissant le dernier anneau et la queue. Retirez la petite veine noire qui se trouve sur le dos.
2. Préparez la pâte à tempura : mettez 1 à 2 dl d'eau très froide dans une terrine. Incorporez le jaune d'œuf en fouettant rapidement à la fourchette. Versez la farine et une pincée de sel, sans cesser de fouetter : la pâte doit être juste liée mais non travaillée.
3. Faites chauffer l'huile dans une petite bassine à friture ou une casserole. Lorsqu'elle est bien chaude, enrobez les gambas d'un léger voile de farine, trempez-les dans la pâte à tempura, puis plongez-les dans l'huile. Laissez-les cuire 3 minutes en les retournant avec une écumoire.
4. Plongez ensuite les feuilles de shiso dans la pâte, puis dans l'huile et faites-les cuire 1 minute.
5. Retirez les beignets de l'huile chaude avec une écumoire, puis posez-les sur un papier absorbant.
6. Rangez les beignets dans un plat de service et servez aussitôt.

*– Au Japon, cette délicate friture est servie avec une noix de radis blanc et de gingembre râpés, et une coupelle de bouillon de poisson, très léger, relevé de sauce de soja. On y délaye le condiment, puis on y plonge rapidement les beignets avant de les croquer.*

*– Une manière raffinée de décorer la tempura au Japon consiste à confectionner un éventail de nouilles de riz plongé dans la pâte puis dans la friture.*

*– On peut tremper dans cette pâte toutes sortes de légumes : rondelles d'aubergine, lamelles de courgettes, rubans de carotte, éventails de potiron, anneaux d'oignon...*

# SUMAC

*Rhus corioria*

Cet arbuste très décoratif qui pousse à l'état sauvage en Sicile et dans tout le Moyen-Orient, donne des petites fleurs blanches auxquelles succèdent des grappes de petites baies rouges. Au début de l'automne, on peut voir dans les villages de Turquie des chapelets rouges séchant au soleil : ce sont les rameaux de sumac cueillis avant maturité, et qui prennent en séchant une jolie couleur brique plus ou moins sombre. Les baies sont utilisées entières. On peut aussi extraire les graines qui se trouvent au cœur des baies, mais la manière la plus facile de les utiliser est de les moudre.

Déjà apprécié des Romains pour son acidité – bien avant que le citron ne soit disponible en Europe –, le sumac l'est aujourd'hui dans toutes les cuisines du Moyen-Orient : on en parsème les poissons grillés, les brochettes de viande ou de volaille, les ragoûts, les crudités qui accompagnent ces grillades, les yaourts... Au Liban, on le mélange au thym séché, et il devient *zahtar*, utilisé pour parfumer les pains, les boulettes de viandes, les grillades...

# Poulet-salade au sumac

*Pour 4 personnes.*
*Préparation : 30 minutes, à l'avance.*
*Macération : 30 minutes à plusieurs heures.*
*Cuisson : 15 minutes.*

1 PAIN LIBANAIS SEC
400 G TOMATES MÛRES MAIS FERMES
1 CONCOMBRE DE 200 G
4 CUILLÈRES À SOUPE DE PERSIL PLAT CISELÉ
4 CUILLÈRES À SOUPE DE MENTHE CISELÉE
2 OIGNONS FRAIS
2 CUILLÈRES À SOUPE D'HUILE D'OLIVE
1 CUILLÈRE À SOUPE DE JUS DE CITRON
1/2 CUILLÈRE À CAFÉ DE THYM SEC
1/2 CUILLÈRE À CAFÉ DE SUMAC
SEL, POIVRE

**Pour le poulet :**

4 BLANCS DE POULET DE 120 G CHACUN
2 CUILLÈRES À SOUPE D'HUILE D'OLIVE
1 CUILLÈRE À SOUPE DE JUS DE CITRON
2 GOUSSES D'AIL
1 CUILLÈRE À CAFÉ DE THYM SEC
1 CUILLÈRE À CAFÉ DE SUMAC
2 PINCÉES DE PIMENT FORT EN POUDRE
SEL, POIVRE

1. Préparez le poulet : pelez les gousses d'ail et passez-les au presse-ail au-dessus d'une terrine. Ajoutez le jus de citron, l'huile, le piment, le thym, le sumac, le sel et le poivre.
2. Fendez la chair des blancs de poulet et placez-les dans la terrine. Mélangez et laissez-les mariner de 30 minutes à plusieurs heures, en les retournant souvent.
3. 30 minutes avant de servir, allumez le gril du four. Préparez la salade : rincez les tomates et coupez-les en petits cubes. Pelez le concombre, coupez-le en deux dans la longueur, éliminez les graines du centre et coupez chaque demi-concombre en fines demi-rondelles. Pelez les oignons, rincez-les et émincez-les finement.
4. Émiettez le pain libanais dans un plat creux. Ajoutez les tomates, le concombre, les oignons, le persil et la menthe. Nappez d'huile d'olive et de jus de citron et mélangez. Mélangez le sel, le poivre, le sumac et le thym, puis parsemez la salade de ce mélange.
5. Piquez les blancs de poulet sur deux brochettes et faites-les cuire 15 minutes sous le gril du four, en les tournant souvent. Servez chaud, accompagné de salade.

*– Comme au Liban, accompagnez ce poulet d'une sauce d'ail : gousses d'ail pelées et longuement mixées avec une huile neutre et du sel, jusqu'à obtention d'une très fine et aérienne purée blanche.*

# Galettes au thym et au sumac

*Pour 6 personnes.*
*Préparation : 20 minutes.*
*Repos : 1 heure 30.*
*Cuisson : 20 minutes.*

300 G DE FARINE DE BLÉ, TYPE 45
1 SACHET DE LEVURE DE BOULANGERIE LYOPHILISÉE (8 G)
2 CUILLÈRES À CAFÉ D'HUILE D'OLIVE
1/2 CUILLÈRE À CAFÉ RASE DE SUCRE SEMOULE
1 CUILLÈRE À CAFÉ RASE DE SEL DE MER FIN
**Pour la garniture :**
1 DL D'HUILE D'OLIVE
6 CUILLÈRES À SOUPE DE THYM SEC
6 CUILLÈRES À SOUPE DE SUMAC

1. Mettez le sucre dans un verre de 2 dl de contenance. Ajoutez 1 dl d'eau tiède (à 35 °C) et remuez avec une petite cuillère afin que le sucre fonde. Versez ensuite la levure en pluie, mélangez et laissez gonfler dans un endroit tiède, sans y toucher, pendant 10 minutes environ : la levure doit atteindre le bord du verre.
2. Au bout de ce temps, mettez la farine sur le plan de travail. Ajoutez le sel fin et mélangez. Creusez un puits au centre. Remuez la levure contenue dans le verre à la petit cuillère et versez-la dans le puits, avec 3 dl d'eau tiède.
3. Du bout des doigts et en un mouvement vif partant du centre vers l'extérieur, mélangez tous les éléments puis roulez la pâte en boule et travaillez-la de la manière suivante : poussez-la loin devant vous puis pliez-la et faites-lui faire un quart de tour sur elle-même dans le sens inverse des aiguilles d'une montre. Recommencez l'opération et continuez de travailler ainsi la pâte pendant 5 à 6 minutes environ, jusqu'à ce qu'elle soit lisse et élastique.
4. Mettez alors la pâte dans une grande terrine légèrement farinée et couvrez-la d'un linge. Laissez-la reposer dans un endroit tiède, à l'abri des courants d'air, pendant 1 heure ou plus : elle doit doubler de volume.
5. Au bout de ce temps, retirez le linge. Faites retomber la pâte en la tapotant du bout des doigts et mettez-la sur le plan de travail. Travaillez-la 3 minutes, comme la première fois.
6. Huilez avec la moitié de l'huile la plaque du four. Étalez la pâte en disques d'environ 15 cm de diamètre, sur une épaisseur de 1/2 cm, au rouleau à pâtisserie. Posez-les sur la plaque et badigeonnez-les du reste d'huile, avec les paumes de vos mains. Piquez la surface des galettes, tous les 2 cm, avec un bâtonnet, pour éviter que la pâte ne gonfle trop à la cuisson. Laissez de nouveau gonfler légèrement : elle doit atteindre 1 cm d'épaisseur.
7. Pendant ce temps, allumez le four, th. 8 (250 °C). Mélangez l'huile, le thym et le sumac. Lorsque les galettes ont levé, étalez dessus le mélange à l'huile et glissez la plaque au four. Laissez cuire pendant 20 minutes.
8. Retirez la plaque du four et servez.

*– Dégustez ces galettes, chaudes ou de préférence tièdes, avec des hors-d'œuvre assortis, ou en accompagnement de viandes et poissons rôtis ou grillés.*

# TAMARIN

*Tamarindus indica*

Le tamarinier viendrait de l'Asie du Sud-Est, mais son origine précise est inconnue. Il est cultivé en Inde depuis des siècles, et les Arabes en font grand usage. Il fut ramené en Europe par les Croisés, et les Espagnols le transplantèrent aux Antilles où on le cultive aujourd'hui.

Cet arbre à feuilles ovales vert pâle – utilisées dans la préparation de teintures rouges et jaunes – et aux grappes de fleurs jaunes veinées de rouge, donne des gousses de forme incurvée, brun foncé, qui sont cueillies avant leur maturité. Ces gousses contiennent une pulpe acide et fibreuse, riche en pépins. Elle est aussi desséchée et vendue sous forme de pâte compacte, avec ses pépins, qu'il faut dissoudre dans de l'eau chaude avant de la filtrer. Quant au concentré, il est épais et sombre, sans fibres ni pépins, pareil à une gelée, très facile d'emploi.

Le principal attrait du tamarin est son acidité, qui remplace le vinaigre et le citron dans de nombreux plats, mais aussi sa saveur légèrement sucrée. Les Indiens l'utilisent dans les curries, les soupes et les chutneys ; les Thaïlandais dans les soupes aigres ; les Antillais en font une boisson rafraîchissante et une confiture parfumée...

## Salade d'oignons, tamarin et coriandre

*Pour 4 personnes.*
*Préparation : 15 minutes.*

3 gros oignons doux
3 tomates vertes
3 cosses de tamarin
1 piment oiseau frais
4 brins de coriandre
Fleur de sel

1. Cassez les cosses du tamarin, délayez la pulpe dans 3 cuillères à soupe d'eau, puis filtrez-la.
2. Pelez les oignons et coupez-les en fines rondelles. Rincez les tomates et coupez-les en fines rondelles. Rincez la coriandre et effeuillez-la. Rincez le piment et coupez-le en fines rondelles en éliminant les graines.
3. Mettez les oignons et les tomates dans un plat et parsemez de coriandre, de rondelles de piment et de fleur de sel. Arrosez de jus de tamarin et mélangez au moment de servir.

*– Cette salade est excellente avec les curries, mais vous pouvez également la servir avec des rôtis chauds ou froids.*

# THYM

*Thymus vulgaris*

La légende dit qu'il est né des larmes de la Belle Hélène... Les quelque cent espèces qui existent embaument les coteaux de la Méditerranée. Il se cultive facilement dans les jardins du nord de la Loire et sur les balcons ensoleillés. Coupez-le avant floraison et faites-le sécher en petits bouquets, dans un endroit frais et aéré ; vous le conserverez ensuite à l'abri de la lumière, dans un endroit frais.

Connu depuis longtemps pour ses vertus antiseptiques qui conservent les matières organiques – les Égyptiens l'utilisaient pour embaumer leurs morts –, il est recommandé dans la préparation des marinades et des saumures, des huiles pour conserver fromages ou olives. Indispensable compagnon du laurier et du persil dans le bouquet garni, il se mêle avec l'origan, la sarriette, le romarin et la marjolaine pour former un délicieux mélange, les « herbes de Provence », qui parfume les plats du Midi, depuis les grillades jusqu'aux plats mijotés. Ses petites feuilles fraîches vert tendre sont exquises dans les salades, surtout celles du « thym citron », au fort goût de zeste de citron ; elles se mélangent délicieusement aux légumes, dans les ratatouilles ou les gratins, exhaussent le parfum de l'agneau rôti ou grillé, le poulet au four, les poissons au gril...

## Ventrèche de thon au thym

*Pour 2 personnes.*
*Préparation et cuisson : 20 minutes.*

1 MORCEAU DE VENTRE DE THON DE 400 G (VENTRÈCHE)
4 BRINS DE THYM FRAIS
1 CUILLÈRE À CAFÉ DE FLEUR DE SEL
1 CUILLÈRE À CAFÉ DE POIVRE CONCASSÉ
Pour servir :
2 CUILLÈRES À SOUPE D'HUILE D'OLIVE FRUITÉE
CITRON

1. Demandez à votre poissonnier un ventre de thon, morceau gras et moelleux, dont il retirera la peau.
2. Faites chauffer un gril en fonte. Rincez le thon et épongez-le. Mélangez la fleur de sel, le poivre et le thym effeuillé et passez le morceau de thon dans ce mélange, sur les deux faces.
3. Lorsque le gril est chaud, faites-y griller la ventrèche de thon 1 minute 30, en la retournant une fois : elle doit être rosée au centre lorsque vous la retirez. Servez-la chaude, nappée d'huile d'olive et arrosée de quelques gouttes de jus de citron.

*– Accompagnez cette délicieuse et très moelleuse grillade d'une salade de roquette assaisonnée à l'huile d'olive et au jus de citron.*

# Carré d'agneau au thym, poivre et sel

*Pour 4 personnes.*
*Préparation : 10 minutes.*
*Cuisson : 20 minutes.*

2 CARRÉS D'AGNEAU DE 6 CÔTES
2 CUILLÈRES À CAFÉ DE THYM SEC
20 G DE BEURRE MOU
SEL, POIVRE

1. Allumez le four, th. 7 (225 °C). Mélangez le sel, le poivre, le thym et le beurre. Tartinez les carrés d'agneau de ce mélange.
2. Posez les carrés d'agneau sur la grille du four et glissez-les dans le four chaud. Laissez cuire 15 minutes, si vous aimez la viande rosée, ou plus, si vous la préférez bien cuite.
3. Lorsque la viande est cuite, laissez-la reposer 5 minutes dans le four éteint, porte entrouverte, avant de la servir. Découpez au dernier moment.

*– Servez cet agneau fondant et parfumé avec des galettes de pommes de terre (fines rondelles de pommes de terre cuites en galettes légères et croustillantes) et des quartiers d'artichauts (sautés dans un mélange d'huile d'olive et d'eau, jusqu'à ce que tout le liquide se soit évaporé et que les artichauts soient dorés).*

# VANILLE

## *Vanilla planifolia*

Fruit d'une liane géante et grimpante de la famille des orchidées, aux feuilles plates, épaisses et brillantes et aux petites fleurs vert tendre, la vanille est née en Amérique tropicale. Chez les Aztèques, elle était offerte à l'empereur, et c'est un conquistador espagnol, Bernal Diaz, qui le premier découvrit que l'on ajoutait de la vanille moulue dans le chocolat servi à Montezuma. Les Espagnols baptisèrent la plante *vanilla*, diminutif de *vaina*, qui signifie « gousse », et l'emportèrent dans le Vieux Monde, où elle conquit tous les pays. À la cour du roi Soleil, on l'utilisait comme parfum de cuisine et de toilette.

L'orchidée des Aztèques, baptisée en un premier temps *Vanilla fragans*, ne réussissait pas à s'acclimater ailleurs, et l'on comprit pourquoi lorsque l'on découvrit que la fécondation était l'œuvre des abeilles « melipones ». On implanta alors la vanille à Madagascar, aux Comores, à la Réunion et à l'île Maurice, et le travail de fécondation se fit désormais à la main, fleur par fleur, avec une épine de citronnier. Quant à la vanille de Tahiti, *Vanilla tahitensis*, la seule à contenir l'irrésistible héliotropine, molécule très odorante et capiteuse, elle est plus charnue et d'un parfum plus intense et plus fruité.

Indispensable dans nos desserts, en gousses que l'on fend pour en gratter les petites graines noires très aromatiques, elle parfume aussi très bien les plats salés : quelques pincées dans une sauce, un jus de viande, de poisson ou de crustacés leur apportent mystère et profondeur.

Les vieilles gousses de vanille sont celles dont l'aspect est givré, car elles n'ont pas été privées des petits cristaux blancs dont elles sont recouvertes et qui contiennent la vanilline, une substance naturelle au parfum frais et délicat.

La vanille liquide ne contient que peu d'arôme naturel. Quant à la poudre, elle n'est pas composée des seules graines, mais de la gousse entière.

Lorsqu'une gousse de vanille est trop sèche, faites-la pocher 1 minute à l'eau tiède afin qu'elle retrouve sa souplesse. Vous pouvez préparer du sucre vanillé en enfermant quelques gousses dans un bocal de sucre.

# Blanquette de veau à la vanille

*Pour 4 personnes.*
*Préparation : 30 minutes.*
*Cuisson : 2 heures.*

800 g d'épaule de veau
600 g de tendron de veau
4 carottes de 100 g chacune
4 feuilles de céleri vert tendre
1 gousse d'ail
150 g de crème fraîche épaisse
2 cuillères à soupe de jus de citron
1 gousse de vanille
1/2 litre de fond léger de veau ou de volaille
Sel, poivre

1. Demandez à votre boucher de couper le tendron de veau en tranches de 1,5 cm d'épaisseur et l'épaule en cubes de 3 cm. Plongez les morceaux de viande dans une casserole remplie d'eau bouillante. Laissez bouillir 1 minute puis égouttez-les et rincez-les.
2. Pelez l'ail. Pelez les carottes et coupez-les en rondelles de 1/2 cm d'épaisseur.
3. Versez le fond de veau dans une cocotte en fonte de 5 litres. Ajoutez autant d'eau et portez à ébullition. Salez et poivrez légèrement. Ajoutez la viande, les carottes, l'ail et les feuilles de céleri. Dès la reprise de l'ébullition, couvrez et laissez cuire 1 heure 40 à petits frémissements.
4. Au bout de ce temps, versez le contenu de la cocotte dans une passoire au-dessus d'une casserole. Remettez le veau dans la cocotte et fermez la cocotte pour garder la viande au chaud.
5. Faites réduire le bouillon de cuisson de la viande sur feu vif, jusqu'à ce qu'il en reste 2 dl environ.
6. Fendez la gousse de vanille en deux dans la longueur avec un petit couteau pointu. Raclez l'intérieur avec la lame d'un couteau et récupérez les graines noires qu'elle contient. Ajoutez-les dans le bouillon réduit avec la crème et le jus de citron. Fouettez 1 minute avant de verser cette sauce sur la viande. Mélangez et servez aussitôt.

*– Accompagnez ce plat délicatement parfumé de fines tagliatelle au beurre ou de riz basmati cuit à la vapeur.*

# Aumônières de marrons, coulis vanillé

*Pour 6 personnes. Préparation et cuisson : 1 heure.*
*Repos : 1 heure.*

**Pour la pâte à crêpes :**
70 G DE FARINE DE BLÉ BLANCHE, TYPE 45
30 G DE FARINE DE CHÂTAIGNE, 2 ŒUFS, 50 G DE BEURRE
1/4 DE LITRE DE LAIT, 1 SACHET DE SUCRE VANILLÉ
1 CUILLÈRE À SOUPE DE SUCRE SEMOULE
**Pour la garniture :**
300 G DE BRISURES DE MARRONS GLACÉS, 2 DL DE LAIT
1/4 DE LITRE DE CRÈME LIQUIDE TRÈS FROIDE
3 CUILLÈRES À SOUPE DE RHUM AMBRÉ
1 CUILLÈRE À CAFÉ DE VANILLE NATURELLE LIQUIDE
**Pour la crème anglaise :**
1/2 LITRE DE LAIT, 5 JAUNES D'ŒUFS
100 G DE SUCRE SEMOULE, 2 GOUSSES DE VANILLE
**Pour la cuisson :** 75 G DE BEURRE

1. Fendez les gousses de vanille dans la longueur et mettez-les dans une grande casserole avec le lait. Posez la casserole sur feu doux et laissez chauffer, sans atteindre l'ébullition, afin que la crème du lait ne forme pas une peau en surface, mais reste en suspension. Laissez infuser 10 minutes, puis prélevez les graines de vanille en grattant les gousses avec un petit couteau et délayez-les dans le lait.
2. Fouettez les jaunes d'œufs et le sucre, jusqu'à obtention d'un mélange très gonflé et blanc. Versez-y lentement le lait chaud, sans cesser de mélanger.
3. Lavez la casserole où a cuit le lait, puis versez-y la préparation précédente. Posez la casserole sur feu modéré et laissez cuire 4 à 5 minutes, en tournant sans cesse avec une spatule, en formant des 8, jusqu'à ce que la crème épaississe et que la mousse qui s'était formée à la surface ait disparue. Retirez alors du feu.
4. Versez la crème dans une jatte, en la filtrant. Tournez-la afin qu'elle tiédisse sans former une peau à la surface. Réservez au réfrigérateur.
5. Réservez 50 g de brisures de marrons. Mettez le reste dans le bol d'un mixeur avec le lait, le rhum et la vanille. Mixez jusqu'à obtention d'une fine purée.
6. Fouettez la crème jusqu'à ce qu'elle forme des pics, puis incorporez la purée de marrons et les 50 g de brisures émiettées, avec une spatule souple. Réservez 1 heure au congélateur.
7. Préparez la pâte à crêpes : faites fondre le beurre dans une casserole sur feu doux. Ajoutez le lait et laissez légèrement tiédir. Retirez du feu. Cassez les œufs dans le bol d'un mixeur. Ajoutez le sucre, le sucre vanillé, les farines, et le mélange contenu dans la casserole. Mixez 1 minute à petite vitesse, puis versez cette pâte dans une terrine.
8. Cette pâte n'ayant pas besoin de reposer, faites cuire les crêpes aussitôt : faites fondre le beurre dans une crêpière de 20 cm, puis versez-le dans un bol. Versez la pâte dans l'ustensile, à l'aide d'une petite louche, en soulevant la crêpière et en lui faisant décrire un mouvement tournant. Après quelques secondes de cuisson, retournez la crêpe avec une spatule et faites-la cuire de l'autre côté pendant 10 secondes. Lorsque la crêpe est cuite, posez-la sur une assiette. Vous préparerez ainsi 15 crêpes dont vous prendrez les 12 plus belles. Entre chaque crêpe, beurrez légèrement l'ustensile avec un petit nouet de tissu trempé dans le beurre fondu.
9. Déposez au centre de chaque crêpe une cuillère à soupe de mousse glacée aux marrons et formez des aumônières. Servez-les entourées de crème anglaise.

# VERVEINE-CITRONNELLE

*Lippia triphylla*

Originaire du Chili d'où elle fut importée par les Espagnols, la verveine-citronnelle ou verveine odorante fut d'abord utilisée pour la fabrication des savons et autres cosmétiques. Cet arbuste peut atteindre 4 mètres de haut dans les pays chauds, et ses feuilles pointues et duveteuses qui poussent sur la tige par groupe de trois sont très parfumées ; elles embaument le citron, contrairement aux feuilles de la verveine officinale qui ne sentent que la verveine.

Les feuilles fraîches sont délicieuses dans les plats de poissons et de fruits de mer, où elles peuvent remplacer citronnelle et citron, mais aussi ciselées dans les salades ou les compotes de fruits, ou infusées dans les sirops ou la crème anglaise. Elles peuvent aussi devenir une délicieuse infusion, calmante et digestive.

## Poisson en gelée de citron

*Pour 4 personnes.*
*Préparation et cuisson : 40 minutes, à l'avance.*

4 filets de bar,
barbue ou grosse sole
3/4 de litre de bouillon de légumes
ou de fumet de poisson
7 feuilles de gélatine
12 fines rondelles de citron non traité
24 feuilles de verveine-citronnelle
1 cuillère à soupe de baies roses
Sel

1. Faites ramollir les feuilles de gélatine dans de l'eau froide.
2. Versez le bouillon de légumes dans une casserole, portez à ébullition, ajoutez la gélatine et plongez-y les rondelles de citron. Retirez du feu et laissez refroidir.
3. Faites cuire les filets de poisson à la vapeur, en les salant légèrement, 5 minutes environ. Enfermez-les dans un film plastique et laissez-les refroidir, couverts d'un poids, afin qu'ils restent bien plats.
4. Lorsque la gelée est à demi prise, nappez-en le fond de 4 petites assiettes creuses ou de 4 bols évasés. Posez dessus les filets de poisson et éparpillez les feuilles de citronnelle et les baies roses. Répartissez les rondelles de citron et nappez du reste de gelée. Laissez prendre 2 heures au moins au réfrigérateur avant de servir.

*– Accompagnez ce plat d'un mesclun assaisonné d'huile d'olive et de fleur de sel.*

*– La verveine-citronnelle peut être remplacée par du basilic ou de la coriandre.*

# Pêches au parfum de verveine-citronnelle

*Pour 4 personnes.*
*Préparation et cuisson : 30 minutes,*
*2 heures à l'avance.*

4 PÊCHES BLANCHES OU JAUNES, MÛRES MAIS FERMES
100 G DE FRAMBOISES
100 G DE SUCRE SEMOULE
32 FEUILLES DE VERVEINE-CITRONNELLE
2 CUILLÈRES À SOUPE DE JUS DE CITRON
2 FEUILLES DE GÉLATINE

1. Faites tremper les feuilles de gélatine dans de l'eau froide. Versez 2 dl d'eau dans une grande casserole, ajoutez le sucre et portez à ébullition. Laissez bouillir 2 minutes, puis retirez du feu et ajoutez les feuilles de gélatine. Mélangez et incorporez les feuilles de verveine-citronnelle. Laissez refroidir.
2. Pelez les pêches et coupez-les en quartiers de 1 cm. Arrosez-les de jus de citron et mélangez.
3. Lorsque la gelée est froide et huileuse, égouttez les pêches et répartissez-les dans 4 coupelles. Garnissez de framboises et nappez de gelée de verveine-citronnelle. Mettez au réfrigérateur et laissez prendre en gelée pendant 2 heures au moins avant de servir.

# WASABI

*Wasabia japonica*

Souvent appelé « raifort vert » ou « raifort japonais », le wasabi est une racine à l'arôme puissant, qui pousse à l'état sauvage uniquement au bord des rivières froides et limpides du Japon. Aujourd'hui, on le cultive et on le trouve très facilement dans le commerce, mais dans les restaurants les plus raffinés, on utilise seulement du wasabi sauvage. Les racines sont pelées puis râpées sur de très fines râpes, la plus étonnante et la plus efficace étant une râpe en peau de requin. On en dépose une noisette sur les plateaux de sashimi, qu'il faut délayer par petites touches dans la sauce de soja avant d'y plonger légèrement les tranches de poisson. Dans la préparation des sushi, on en étale une très légère couche sur les bouchées de riz avant d'y poser les lamelles de poissons, crustacés et fruits de mer.

Si l'on trouve difficilement du wasabi frais, il est en revanche vendu dans les épiceries orientales en poudre, dans des petits pots, ou en pâte, dans des tubes. La poudre doit être délayée dans une petite quantité d'eau froide. Quant à la pâte en tube, elle est prête à l'emploi, et se conserve, une fois ouverte, longtemps au réfrigérateur. Certaines poudres comme certaines pâtes sont plus piquantes que d'autres et leur parfum peut être plus ou moins prononcé, mais le choix est assez vaste pour qu'on en trouve une à son goût...

日本版
先リスト
突然、
食べたく

# Sashimi

*Pour 4 personnes.*
*Préparation : 20 minutes.*
*Réfrigération : 1 heure.*

1 DAURADE DE 800 G
400 G DE THON BLANC
300 G DE FILET DE SAUMON
200 G DE BLANC DE SEICHE
2 CHINCHARDS
RONDELLES DE CITRON
RADIS BLANC RÂPÉ
FEUILLES DE SHISO
FEUILLES D'ALGUE NORI
**Pour servir :**
SAUCE DE SOJA JAPONAISE
3 CUILLÈRES À CAFÉ DE WASABI EN POUDRE

1. Demandez à votre poissonnier de lever les filets de la daurade et des chinchards et d'en retirer la peau et les arêtes. Demandez-lui d'ôter l'arête centrale et la peau du thon et du saumon. Réfrigérez les poissons 1 heure au moins avant de les préparer.
2. Mettez la poudre de wasabi dans un petit bol, ajoutez-y de l'eau froide – environ 1 cuillère à soupe – en tournant avec une fourchette pour obtenir une pâte souple, pouvant être roulée en boule ou travaillée en forme de feuille.
3. Préparez les poissons : fendillez la surface du blanc de seiche et posez une feuille d'algue nori sur la partie lisse ; roulez en enfermant l'algue puis découpez-la en rondelles de 1 cm. Coupez le thon et le saumon en rectangles de 1 x 2 cm, sur 1/2 cm d'épaisseur. Coupez les filets de daurade en très fines lamelles obliques, dans la largeur du filet. Hachez grossièrement au couteau les filets de chinchards : vous pouvez y ajouter une pointe de gingembre frais râpé.
4. Disposez les poissons sur 6 assiettes très plates, en séparant chaque catégorie de poisson par du radis râpé. Garnissez de feuilles de shiso et de rondelles de citron. Garnissez chaque plateau d'une petite noisette de wasabi.
5. Servez aussitôt, accompagné de petites coupelles plates : vous y délayerez un peu de wasabi avec de la sauce de soja et y tremperez légèrement les poissons avant de les déguster.

*– Mangez ces poissons avec des baguettes, leur goût sera encore plus fin. Commencez par la seiche, dégustez ensuite le saumon, puis la daurade et enfin le thon. Vous pouvez enrichir ces plateaux d'autres poissons : bar, sardine, barbue, ventrèche de thon, crevettes crues décortiquées dont la saveur sucrée et le fondant vous surprendront.*
*– Le sashimi est traditionnellement accompagné de fins filaments de radis blanc « daïkon ».*

# Chirashi sushi

*Pour 4 personnes.*
*Préparation et cuisson : 1 heure.*

**Pour le riz :**

300 G DE RIZ JAPONAIS

3 CUILLÈRES À SOUPE DE VINAIGRE DE RIZ

1,5 CUILLÈRE À SOUPE DE SUCRE SEMOULE

1 CUILLÈRE À CAFÉ DE SEL DE MER FIN

**Pour la garniture :**

GRAINES DE SÉSAME GRILLÉES

ALGUE NORI

ASSORTIMENT DE POISSON CRUS
OU MARINÉS EN FINES LAMELLES

CREVETTES CUITES

ŒUFS DE SAUMON

LAMELLES D'OMELETTE ET DE CONCOMBRE

GINGEMBRE AU VINAIGRE (GARI)

SAUCE DE SOJA

WASABI EN PÂTE

1. Lavez plusieurs fois le riz dans une terrine, à l'eau froide, en le mélangeant du bout des doigts. Au début, l'eau est trouble, renouvelez-la jusqu'à ce qu'elle soit claire. Égouttez le riz à fond, dans une passoire : cela demande 15 minutes.
2. Mettez le riz dans une casserole, ajoutez 6 dl d'eau froide et portez à ébullition sur feu vif. Laissez cuire 2 minutes à feu vif, puis 5 minutes à feu moyen et 15 minutes à feu doux, toujours à couvert et sans mélanger le riz. Éteignez le feu, ôtez le couvercle, couvrez la casserole d'un linge, afin que la vapeur d'eau ne retombe pas sur le riz et ne le détrempe pas. Remettez le couvercle et laissez reposer 10 à 15 minutes.
3. Préparez la vinaigrette sushi : mélangez dans une casserole le vinaigre, le sucre et le sel. Faites fondre sur un feu doux , puis laissez refroidir.
4. Lorsque le riz est prêt, versez-le dans un grand plat creux et séparez-en les grains, en le sillonnant de long en large avec une spatule. Versez la vinaigrette en mince filet et continuez de mélanger pendant 2 minutes afin que chaque grain de riz s'enrobe d'un fin glaçage brillant.
5. Tapissez 4 grands bols de riz sushi ; parsemez de graines de sésame et de lamelles de nori et couvrez de poissons, de crevettes, d'œufs de saumon, d'omelette, de concombre et de gingembre.
6. Versez la sauce de soja dans des coupelles et posez une noisette de wasabi sur le bord : vous délayerez un peu de wasabi avec la sauce de soja et y tremperez légèrement les poissons avant de les déguster avec un peu de riz. Entre chaque bouchée, croquez du concombre ou du gari.

– *À défaut de riz japonais, choisissez un riz italien :* « arborio » *ou* « vialone ». *N'utilisez en aucun cas de riz incollable : les grains d'un riz sushi doivent s'agglutiner.*

# ZESTES

Tous les agrumes sont recouverts d'un zeste particulièrement parfumé, très riche en huile essentielle. Zestes d'orange, de citron jaune, de citron vert et de clémentine sont les plus utilisés, râpés, en bâtonnets ou en rubans – qui ne doivent être constitués que de la partie colorée de l'écorce, la blanche sous-jacente étant amère, mais il en existe beaucoup d'autres, encore plus parfumés. La mandarine, par exemple, dont la saison est hélas très brève, ressemble à la clémentine mais ses deux pôles sont plus aplatis et son écorce plus orangée. D'une pulpe riche en pépins et souvent trop aqueuse, elle est surtout recherchée pour son zeste sucré, très fruité.

Certains pays offrent une grande variété d'agrumes, comme les *yuzu* et *sudachi* au Japon, deux petits fruits aux zestes que l'on râpe très finement et que l'on éparpille sur les salades ou les poissons marinés. On les sert aussi en quartiers avec des grillades, et leur jus entre dans la préparation des vinaigrettes.

Le combawa, lui, est petit, vert sombre, légèrement piriforme, et son zeste, particulièrement parfumé, est entièrement fripé. Vous pouvez le râper, le couper au couteau dans les marinades ; quant à sa pulpe, elle ne contient pratiquement pas de jus. Les feuilles de l'arbre qui porte le combawa, *Citrus histrix*, sont très odorantes, proches de la citronnelle, et très utilisées dans la cuisine thaïlandaise. Quant à la lime, originaire des Antilles, c'est un tout petit citron vert sombre, juteux, surtout apprécié pour son jus acidulé.

# Saint-Jacques
*en carpaccio*

*Pour 4 personnes.*
*Préparation : 5 à 10 minutes.*
*Macération : 30 minutes.*

12 GROSSES COQUILLES SAINT-JACQUES
2 COMBAWAS
1 DL D'HUILE D'OLIVE TRÈS FRUITÉE

1. Demandez à votre poissonnier d'ouvrir les coquilles et d'en extraire les noix.
2. Rincez-les et épongez-les. Coupez-les en trois ou quatre rondelles, dans l'épaisseur.
3. Répartissez les noix de Saint-Jacques dans 4 assiettes et nappez-les d'huile. Rincez les combawas et parsemez les Saint-Jacques de zeste finement râpé. Laissez macérer 30 minutes au réfrigérateur.

*– Dégustez ces Saint-Jacques avec du pain grillé et une salade additionnée de citronnette : mesclun, pousses d'épinard, pourpier...*

# Petits gâteaux
*à l'huile d'olive et au citron*

*Pour 18 petits gâteaux.*
*Préparation : 15 minutes.*
*Cuisson :25 à 30 minutes, à l'avance.*

1 DL DE JUS DE CITRON FRAIS
1 DL D'HUILE D'OLIVE PEU FRUITÉE
3 ŒUFS , 200 G DE SUCRE SEMOULE
2 CUILLÈRES À SOUPE DE ZESTE DE CITRON RÂPÉ
250 G DE FARINE , 1 SACHET DE LEVURE CHIMIQUE
**Pour le décor :**
LE ZESTE DE 3 CITRONS EN FINS FILAMENTS
1/4 DE LITRE DE JUS DE CITRON
150 G DE SUCRE
1 FEUILLE DE GÉLATINE

1. Allumez le four, th. 5 (175 °C). Fouettez les œufs et le sucre dans une terrine, au batteur électrique ou à la main, jusqu'à ce que le mélange mousse et triple de volume.
2. Incorporez le jus de citron et l'huile dans la terrine, sans cesser de fouetter. Ajoutez enfin la farine et la levure en les tamisant, puis les zestes, en mélangeant avec une spatule.
3. Répartissez la pâte dans des caissettes de 5 cm de diamètre. Posez-les sur une plaque à pâtisserie et glissez au four. Laissez cuire 25 à 30 minutes, jusqu'à ce que les biscuits soient blonds.
4. Pendant la cuisson des biscuits, préparez le décor : faites ramollir la feuille de gélatine à l'eau froide.
5. Mettez le jus de citron, le sucre et les zestes dans une casserole. Posez sur feu doux et laissez cuire 10 minutes environ, jusqu'à obtention d'un sirop léger. Ajoutez la feuille de gélatine en l'égouttant. Retirez du feu et mélangez.
6. Répartissez les zestes sur les gâteaux, nappez-les encore chauds de sirop et dégustez froid.

# TABLE DES RECETTES

## Entrées



## Poissons et fruits de mer



## Viandes et volailles



## Légumes



## Pâtes et riz



## Desserts



## Condiments

# INDEX DES RECETTES

# REMERCIEMENTS

Cyril Skynazy, La Tuile à loup, Autrement Kitchen,
Kitchen Bazaar, La Maison ivre, Molin, Au Bon Marché,
Jars, Kimonoya, Kaze, Ikat, Mis en demeure,
The Conran Shop, Quartz, CFOC, Peter Créations,
Le Cèdre rouge, Mongolfier & Etang, Diva, Oxadyu,
Cristal d'Arcques, Retour d'escapades

Édition

LAURENCE BASSET

Responsable artistique

SABINE BÜCHSENSCHÜTZ

Photogravure : Azer, à Paris

Imprimé en Italie par Canale, à Turin

Dépôt légal : avril 2003

ISBN : 2.84277.006.4

34/1168/3-06